本书系教育部人文社会科学研究项目"恶
规制的最简方案研究"（项目编号：18XJA82

知识产权侵权警告立法规制研究

张小号 著

知识产权出版社

全国百佳图书出版单位

——北京——

图书在版编目（CIP）数据

知识产权侵权警告立法规制研究 / 张小号著 . —北京：知识产权出版社，2022.9
ISBN 978-7-5130-8349-2

Ⅰ.①知…　Ⅱ.①张…　Ⅲ.①知识产权—侵权行为—研究—中国　Ⅳ.① D923.404

中国版本图书馆 CIP 数据核字（2022）第 165221 号

内容提要

本书就知识产权侵权警告问题进行系统研究，旨在提出完善我国知识产权侵权警告立法的体系化建议，以达到彰显侵权警告化解知识产权侵权纠纷的工具价值与遏制恶意发送侵权警告现象的双重目的。

读者对象主要包括知识产权研究人员和实务界人士。

责任编辑：龚　卫　　　　　　　　　　责任印制：刘译文

执行编辑：吴　烁　　　　　　　　　　封面设计：张　波

知识产权侵权警告立法规制研究

张小号　著

出版发行：知识产权出版社 有限责任公司	网　　址：http://www.ipph.cn
		http://www.laichushu.com
电　　话：010-82004826		
社　　址：北京市海淀区气象路 50 号院	邮　　编：100081
责编电话：010-82000860 转 8120	责编邮箱：laichushu@cnipr.com
发行电话：010-82000860 转 8101	发行传真：010-82000893
印　　刷：三河市国英印务有限公司	经　　销：新华书店、各大网上书店及相关专业书店
开　　本：710mm×1000mm　1/16	印　　张：12.75
版　　次：2022 年 9 月第 1 版	印　　次：2022 年 9 月第 1 次印刷
字　　数：180 千字	定　　价：60.00 元

ISBN 978-7-5130-8349-2

前　言

　　知识产权侵权警告问题，在英美法系国家对应的概念为"知识产权诉讼威胁"。与恶意提起知识产权诉讼一样，恶意发送知识产权侵权警告也是一种滥用知识产权权利的行为，是知识产权制度的利益平衡价值遭受挑战的具体表现。虽然真正进入诉讼阶段的知识产权侵权警告纠纷并不多（主要是确认不侵害知识产权诉讼和商业诋毁不正当竞争诉讼两种形式），但是，作者通过对企业的调查发现，现实中恶意发送知识产权侵权警告的现象比较普遍。这种行为不仅侵犯被警告人与利害关系人的合法权益，而且妨碍创新，危害交易安全，由此引发的诉讼占用宝贵的司法资源。

　　目前，我国在立法上规制知识产权侵权警告措施的不足会催生两个后果：一是无法充分发挥侵权警告作为一种自力纠纷解决机制化解知识产权侵权纠纷的工具价值，二是无法有效遏制恶意发送知识产权侵权警告现象的发生。第一个后果意味着侵权警告作为一种自力纠纷解决机制无法替人民法院分担压力，与我国目前提倡的建设"把非诉讼纠纷解决机制挺在前面"的知识产权纠纷多元化解机制的工作目标背道而驰；第二个后果是进一步加重了人民法院的审判压力。当前我国知识产权案件数量急速上升，人案矛盾日益加剧，疑难案件增多，研究如何通过立法更好地规制知识产权侵权警告的问题刻不容缓。英国、澳大利亚等国家在立法规制知识产权诉讼威胁方面已有近一个半世纪的实践积累，这些国家经过实践检验的立法经验可以为我国提供立法借鉴，其面临的问题和走过的弯路对我国也具有直接的警示意义。因此，有必要在认清我国规制知识产权侵权警告法律现状的基础上，借鉴域外代表性国家关于立法规制知识产权诉讼威胁的经验，尽快构建我国规制知识产权侵权警告的立法生态体系。

本书共有5章：第1章阐明了知识产权侵权警告的概念、优势和风险，指出了立法规制知识产权侵权警告的必要性和紧迫性；第2章评估了我国规制知识产权侵权警告的法律与司法实践现状，分析了我国知识产权侵权警告应聚焦的关键问题和应处理好的几层关系；第3章从历史视角和对比视角，详细剖析了域外三个梯队代表国家规制知识产权诉讼威胁的立法经验和教训，包括立法进路和具体规制措施；第4章在第3章所总结的域外经验和教训的基础上，提出了我国立法规制知识产权侵权警告的基本原则，并以这些基本原则为指导，确立了我国立法规制知识产权侵权警告的进路及程序性、实体性措施；第5章为结论。

附录1为我国规制知识产权侵权警告的法律建议稿。同时，为方便其他有兴趣的研究人员就本书相关内容开展进一步的研究工作，附录2提供了国际公约与国外立法中的知识产权诉讼威胁条款的中英文对照文本。

本书系教育部人文社会科学研究项目"恶意知识产权侵权警告立法规制的最简方案研究"（项目编号：18XJA820002）的研究成果，课题组成员包括权彦敏、李晓鸣、陈卫国、汤玲、蔡琳、尚柏延和王渊。感谢各位课题组成员在项目申报和研究过程中贡献的智慧、时间，尤其是感谢汤玲参与了部分外国立法文本的整理和翻译工作。同时，感谢西安外国语大学高级翻译学院的刘天华、王亚楠、武静雯和李欣欣等同学所做的资料收集、整理工作。

因课题研究时间紧张和作者学识、视野的局限性，本书难免存在不足，敬请各位读者谅解。

目 录
CONTENTS

第 1 章

绪　论

1.1 知识产权纠纷多元化解机制与侵权警告

2021 年 8 月，我国某基层人民法院的一则"温馨提示"引发了广泛讨论，该"温馨提示"内容如下：●

截至 2021 年 8 月 20 日，今年本院机关已收民事案件 6588 件，民事员额法官 6 名，人均收案 1098 件。目前案件排期开庭已排期至 2022 年 3 月。

鉴于上述情况，为了您能尽早解决纠纷，建议您在向我院起诉前，尽量先通过自行协商解决或向 ×× 民商事案件调解中心申请调解解决。您的纠纷来院立案后，将按法律程序依法处理。

这则"温馨提示"是目前我国大多数人民法院民事案件收案数量多和法官审判压力大的真实写照。

在所有类型的民事案件中，知识产权案件及其审判人员的高压处境尤其明显。近些年来，由于人民法院新收知识产权案件数量一直呈现出爆发增长态势，知识产权审判人员面临的工作压力越来越大，以下面几组数据为例。

（1）2020 年，全国地方各级人民法院共新收知识产权民事一审案件

● 法检之家．温馨提示［EB/OL］．（2021-08-26）［2021-09-21］．https://www.toutiao. com/w/1709162655564868/?app=news_article&timestamp=1656922969&use_new_style=1&tt_from=mobile_ qq&utm_source=mobile_qq&utm_medium=toutiao_android&utm_campaign=client_share&share_token= b64fea15-4457-4315-8617-f953c4059214&source=m_redirect&wid=1658387384360.

443 326 件，审结 442 722 件，同比分别上升 11.10% 和 12.22%。❶

（2）2020 年，最高人民法院知识产权法庭共新收技术类知识产权案件 3176 件，与 2019 年相比增加 1231 件，同比增长 63.29%；结案数量增加 1354 件，同比增长近 95.00%，知识产权法庭法官人均结案 82.5 件，同比增长 73.00%。❷

（3）2016—2020 年，北京市知识产权案件年均增幅超过 30%，北京知识产权法院法官 2019 年人均结案量 300 多件。❸

（4）2019 年，广州知识产权法院办结知识产权案件 13 488 件，同比增长 43.37%，法官人均结案 499 件，同比增长 32.71%。2020 年，广州知识产权法院法官人均结案数量更是达到了 507 件。而在 2016 年，广州知识产权法院人均结案数量为 196 件。❹

以上年度增幅数据，无论是新收知识产权案件的数量，还是法官人均结案的数量，都可谓"异常惊人"，这与欧美发达国家和地区近些年知识产权案件数量稳中有降的走势形成鲜明对比。根据知名法律科技公司 Lex Machina❺ 发布的《2020 年专利诉讼报告》（*2020 Patent Litigation Report*）可知，美国的专利诉讼新收案件数量在 2013 年和 2015 年达到峰值后，于 2019 年小幅下降。❻2020 年，美国各联邦地区法院共受理专利案件 4060 件，虽

---

❶ 国家知识产权局. 二〇二〇年中国知识产权保护状况［R/OL］.（2021-04-25）［2021-08-18］. http://www.gov.cn/xinwen/2021-04/25/5602104/files/9cfbfa3fed814e1f9d04e56959ed13fb.pdf.

❷ 最高人民法院. 最高人民法院知识产权法庭年度报告（2020）［R/OL］.（2021-02-26）［2021-08-01］. https://www.chinacourt.org/article/detail/2021/02/id/5825042.shtml.

❸ 李玉坤. 近五年北京知识产权案件年均增幅超过 30%［N/OL］. 新京报，2020-09-24［2021-01-08］. https://www.bjnews.com.cn/detail/160091542715071.html.

❹ 章程. 广州知识产权法院 5 年审结案件 4.6 万件［N］. 广州日报，2021-04-22（A5）.

❺ Lex Machina 是律商联讯（LexisNexis）旗下公司，Lex Machina 提供的诉讼文书分析挖掘服务，可以帮助律师或企业制定诉讼策略，Lex Machina 官方网站为 https://lexmachina.com/。

❻ Lex Machina. 2020 Patent Litigation Report［R/OL］.（2020-02-27）［2021-09-21］. https://lexmachina.com/blog/lex-machina-releases-its-2020-patent-litigation-report/.

比上一年度增加了 469 件，但依然要比 2015 年的最高值——5828 件——少很多。❶再以欧洲为例：在德国，7 个主要专利法庭 2020 年新收案件数量较上一年减少 9%；在英国，高等法院 2020 年新收的一审技术类知识产权案件仅为 52 件，较上一年度减少 5.5%；欧洲其他主要国家（如意大利、法国和荷兰）也存在类似情形。❷

造成我国新收知识产权案件数量急速增长局面的原因有很多。我国采取切实有效的措施，鼓励各类主体重视知识产权的创造、保护和利用，知识产权申请量和授权量应声逐年增加。据国家知识产权局 2021 年 1 月 22 日发布的统计数据，仅在 2020 年这一年，我国发明专利授权量达 53.0 万件，实用新型专利授权量为 237.7 万件，外观设计专利授权量为 73.2 万件，商标注册量达到了 576.1 万件。❸知识产权的数量上升到高位，必然会导致知识产权利用过程中的纠纷数量随之上涨。我国民众知识产权维权意识越来越强，尤其表现为越来越重视通过诉讼渠道捍卫正当权益。只是在这些"靓丽"数据的背后，明显看到了知识产权审判人员日渐繁重的工作压力。

我国一直在努力寻找应对知识产权案件数量激增局面的出路。目前的对策除了加强审判机构、审判队伍、智慧法院建设外，积极探索知识产权纠纷多元化解决机制也是一项重大举措。

《中共中央关于全面推进依法治国若干重大问题的决定》要求健全社会矛盾纠纷预防化解机制，完善调解、仲裁、行政裁决、行政复议、诉讼等有

---

❶ O'NEILL R. Patent lawsuits and damages on the rise in US [EB/OL]. （2021-03-15）[2022-01-13]. https://www.worldipreview.com/news/patent-lawsuits-and-damages-on-the-rise-in-us-21137.

❷ RICHTER K. Patent cases decline across Europe-but courts report increasing complexity [EB/OL]. （2021-06-12）[2022-01-13]. https://www.juve-patent.com/news-and-stories/legal-commentary/patent-cases-decline-across-europe-but-courts-report-increasing-complexity/.

❸ 国家知识产权局战略规划司. 2020 年年度知识产权主要统计数据[R/OL]. （2021-01-27）[2021-08-13]. https://www.cnipa.gov.cn/module/download/down.jsp?i_ID=156475&colID=87.

机衔接、相互协调的多元化纠纷解决机制。《中共中央办公厅、国务院办公厅关于完善矛盾纠纷多元化解机制的意见》也明确提出，我国要推进和完善矛盾纠纷多元化解机制。"深入推进矛盾纠纷多元化解机制，是实现国家治理体系和治理能力现代化的重要内容，是促进社会公平正义、维护社会和谐稳定的必然要求。"●

在推进和完善矛盾纠纷多元化解决机制的过程中，我国确立了一个基本原则，即习近平总书记2019年年初在中央政法工作会议上提出的"把非诉讼纠纷解决机制挺在前面"。这一基本原则回答了如何推进社会治理现代化、如何定位司法功能和各类纠纷解决组织功能等重大问题，是对社会治理现实、人民群众需求、矛盾化解规律的深刻洞察和准确判断。●

知识产权纠纷多元化解决机制旨在构建一个包括诉讼、行政处理、仲裁、调解和自行交涉等纠纷处理方式紧密对接、协调共存，并以诉讼为最终解决手段和保障措施的有机统一体。●在2020年中国国际服务贸易交易会上，国家知识产权局国际合作司副司长刘剑表示，应对瞬息万变的技术创新和复杂的知识产权纠纷，建立便捷高效、多元畅通共赢的知识产权纠纷多元化解决机制，是营造良好市场环境、经济环境和竞争环境的关键。●与此同时，知识产权纠纷多元化解决机制也是缓解司法资源不足的有效途径。●

在"把非诉讼纠纷解决机制挺在前面"的知识产权纠纷多元化解决机

● 高憬宏. 加快矛盾纠纷多元化解机制立法［N］. 人民法院报，2018-12-29（05）.

● 张甲天. 坚持把非诉讼纠纷解决机制挺在前面的实践路径［N］. 人民法院报，2019-09-12（08）.

● 黑小兵. 知识产权纠纷多元化解决机制研究［EB/OL］.（2016-05-04）［2020-08-13］. https://www.chinacourt.org/article/detail/2016/05/id/1850509.shtml.

● 王庆凯. 中国探索建立知识产权纠纷多元化解决机制［EB/OL］.（2020-09-10）［2021-09-23］. http://www.cnipr.com/sj/jd/202009/t20200910_239893.html.

● 黑小兵. 知识产权纠纷多元化解决机制研究［EB/OL］.（2016-05-04）［2020-08-13］. https://www.chinacourt.org/article/detail/2016/05/id/1850509.shtml.

制构建过程中，侵权警告 ❶ 是一种方便快捷、应用广泛但很少受我国立法者和研究人员关注的自力纠纷解决机制。❷ 所谓知识产权侵权警告，是指知识产权权利人、有权的被许可人（如独占被许可人）或者经由二者委托的律师等专业服务提供者，在发现可能存在侵害知识产权的现象时，通过寄送警告

---

❶　对于侵权警告，我国立法中未有明确规定，学界和实务界也未形成统一概念。有的研究人员称之为"（恶意）警告威胁"，也有的称之为"（恶意）诉讼威胁"。在极少数司法文书中，也使用了"侵权威胁"的概念［如北京知识产权法院民事裁定书（2020）京 73 民终 1832 号］。事实上，即便是很早就开始立法规制这一行为的英美法代表性国家也未能确立统一的概念。例如，英国 2017 年 4 月颁布的《英国知识产权（恶意威胁）法案》在法案标题和全文使用了"unjustified threat"，字面意思为"不正当威胁"或"未被证实的威胁"。再如，与英国同样重视相关立法的澳大利亚甚至在不同知识产权法案中交替使用不同的表达：1995 年《澳大利亚商标法案》与 1968 年《澳大利亚版权法案》使用的概念是"groundless threat"，字面意思为"无根据的威胁"，而 1990 年《澳大利亚专利法案》则与英国法相同，使用了"unjustified threat"。"unjustified threat"与"groundless threat"等表述表明，已经在规制此类非法利用知识产权行为方面深耕多年的英美法代表性国家，更多的是关注如何防止知识产权被滥用、成为恶意威胁工具的现象。《德国著作权与相关权法》使用了"Abmahnung"一词，即警告。本书交替使用"（恶意）侵权警告"与"（恶意）诉讼威胁"这两组概念，特别是在介绍英美法代表国家立法经验时，尊重法条的原文表述，使用"（恶意）诉讼威胁"概念，而在分析我国相关法律现状和提出建议时，使用的是"（恶意）侵权警告"概念。诉讼威胁和侵权警告之间的细微区别在于以下几个方面：首先，相比较"侵权警告"而言，"诉讼威胁"表述本身更容易体现出诉讼威胁方的攻击性；其次，"侵权警告"表述更能体现其作为发现侵权或终止已发生侵权的工具价值，而诉讼威胁更多体现的是目的性，即以威胁提起侵权诉讼为手段，形成一种威慑，迫使对方同意和谈要求；最后，从语言本身的局限性来看，许多研究人员和实务人员对侵权警告在制止侵权方面的优势予以肯定，但如果表述为"研究人员和实务人员对诉讼威胁在制止侵权方面的优势予以肯定"则略显怪诞。此外，英国法中区分"允许的通告""通告"与"诉讼威胁"："允许的通告""通告"是中性的，在内容和目的上不属于"允许的通告""通告"的行为，将被认定为"诉讼威胁"。发出诉讼威胁的一方，被称为"诉讼威胁方"；受到诉讼威胁的一方，被称为"相对人"。相应地，发出侵权警告的一方，被称为"（恶意）警告方"，收到侵权警告的一方被称为"被警告人"。

❷　在中国知网以"篇名＝侵权警告"为检索式，仅可以检索到研究成果 32 篇。另以研究者对恶意利用知识产权行为的关注为例，以"篇关摘＝恶意＋诉讼"为检索式，可以检索到研究成果 2930 篇，而以"篇关摘＝恶意＋侵权警告"为检索式，仅命中研究成果 9 篇，这表明我国研究人员对恶意诉讼的关注度远高于对恶意侵权警告的关注度。以上文献数量的统计时间截至 2021 年 12 月底。

函、通知函、律师函或发布公告等方式❶❷，向涉嫌侵权人或利害关系人发出警告，告知侵权事实、侵权后果、赔偿要求，甚至是表达起诉意愿等，以期达到发现侵权、阻止潜在侵权或终止已发生侵权行为等目的的行为。

由于我国现有立法对知识产权侵权警告缺乏足够的关注，侵权警告在知识产权侵权纠纷解决过程中不仅无法发挥其工具价值，反而常被滥用，进而侵害被警告人与利害关系人的利益，危害交易安全，扼制创新，甚至出现了因侵权警告引发大量诉讼的后果。

1.2 以侵权警告应对知识产权侵权纠纷的优势与风险

1.2.1 知识产权侵权警告的优势

相较于提起侵权诉讼，发送侵权警告在应对知识产权侵权纠纷方面具有先天优势，具体体现在以下三个方面。

第一，效率高，成本低。相对于侵权诉讼产生的时间成本❸，侵权警告

---

❶ 在一些英文研究文献和裁判文书中，发出诉讼威胁的方式或途径被表述为 "cease and desist letter" "infringement letter" "warning letter" "infringement notice" "letter of claim" 等。

❷ 在确认不侵害知识产权诉讼中，人民法院认可的侵权警告形式多种多样，除了书面函件、通告外，还有知识产权海关保护、知识产权主管机关行政保护、申请专门机构仲裁三种样态复杂的警告方式。参见：占善刚，张一诺. 知识产权确认不侵权之诉受理条件实证研究[J].知识产权，2020（3）：30-33.

❸ 根据《最高人民法院知识产权法庭年度报告（2019）》，北京、广州、上海三地知识产权案件排名前三，法庭二审实体案件平均审理周期为73天。参见：最高人民法院知识产权法庭. 最高人民法院知识产权法庭年度报告（2019）[EB/OL].（2020-04-16）[2021-08-02].https://www.chinacourt.org/article/detail/2020/04/id/4974262.shtml. 另据《最高人民法院知识产权法庭年度报告（2021）》，因人案矛盾日益加剧，疑难案件增多，与2020年相比，最高人民法院知识产权法庭案件平均审理周期有所增长，民事二审实体案件平均审理周期为121.5天。参见：最高人民法院知识产权法庭. 最高人民法院知识产权法庭年度报告（2021）[EB/OL].（2022-02-28）[2022-03-02]. https://www.court.gov.cn/zixun-xiangqing-347361.html.

一般要高效得多。从经济成本来看，如果知识产权权利人自拟警告函、通知函或自行发布公告，几乎不会产生任何明显的经济成本。❶即便是为了增强威慑效果、提高效率而委托律师事务所出具律师函，或者是委托专利代理机构、商标代理机构出具相关函件，随之而来的花费也通常远低于知识产权侵权诉讼相对较高的经济成本。根据美国知识产权律师协会（American Intellectual Property Lawyer's Association，AIPLA）❷提供的数据，在美国，专利诉讼的费用分为准备和起诉两个阶段收取，争议金额不超过 100 万美元的专利纠纷，单方花费为 70 万美元，双方加起来的总费用高达 140 万美元；争议金额高的案件，诉讼的经济成本可能高达 400 万美元。❸在英国，相关数据同样惊人：在英国知识产权企业法院提起的一审专利诉讼花费为 10 万英镑至 50 万英镑；在专利法院的花费为 80 万英镑至数百万英镑，上诉案件的花费为 25 万英镑至 50 万英镑。❹对于企业而言，除了高昂的经济成本需要考虑，漫长诉讼带来的时间成本、知识产权价值的贬损和因此错过的商业机会也不容忽视。我国虽然在知识产权侵权诉讼维权的经济成本方面没有美国和英国那么高，但时间成本同样惊人。❺

第二，相较于诉讼，侵权警告既着眼于解决现实纠纷，又放眼于未来的和睦相处和合作，注重"和为贵"的精神，传承了和谐的人文价值理念，有

---

❶ DAVID B, CLAIRE H. Intellectual Property Asset Management—How to identify, protect, manage and exploit intellectual property within the business environment [M]. Abingdon：Routledge，2014：202.

❷ 官方网站为：https://www.aipla.org/。

❸ RUSS K. Current Patent Litigation Costs Are Between $2.3 to $4M [EB/OL].（2020-07-10）[2021-01-08]. https://apnews.com/press-release/news-direct-corporation/a5dd5a7d415e7bae6878c87656e90112.

❹ Carpmaels & Ransford LLP. The Legal 500 Country Comparative Guides：United Kingdom PATENT LITIGATION [R/OL].（2022-04-07）[2022-05-02]. https://www.legal500.com/guides/chapter/united-kingdom-patent-litigation/?export-pdf.

❺ 张弘. 我国知识产权侵权司法判例实证研究——以维权成本和侵权代价为中心 [EB/OL].（2017-09-12）[2019-08-13]. http://www.chinaipmagazine.com/Topics/InfoShow.asp?37-1524.html.

利于从根源上解决矛盾。❶部分知识产权侵权行为的发生并非因为侵权人真正具有侵权的主观故意——侵权人很有可能并未认识到一项有效知识产权的存在，或者是虽认识到一项有效知识产权的存在，但并未认识到其行为已侵犯了他人的知识产权。在上述情形中，侵权警告发出后，部分被警告人认识到所实施行为的侵权属性，可能会很快应要求停止侵权、提供经济赔偿或以其他方式承担责任，甚至还可能会与警告方达成知识产权许可或转让协议。这些纠纷解决结果都是知识产权权利人在维权过程中乐于看到的。

第三，在发送侵权警告就能解决知识产权侵权纠纷的情况下，相关纠纷无须再诉诸法院，直接减轻了法院的审判压力，这与我国目前倡导的"把非诉讼纠纷解决机制挺在前面"的纠纷多元化解决机制建设思路一致。因此，侵权警告理应成为知识产权纠纷多元化解决机制建设进程中重点关注的对象。

以侵权警告应对知识产权侵权纠纷的上述优势在我国司法裁判人员中已成为共识。引发广泛关注的石家庄双环汽车股份有限公司（以下简称"双环股份公司"）与本田技研工业株式会社（以下简称"本田株式会社"）确认不侵害专利权纠纷一案的二审法院认为，专利权人发送侵权警告是其自行维护权益的途径和协商解决纠纷的环节，法律对于在法院侵权判决之前专利权人自行维护其权益的行为并无禁止性规定，并且发送侵权警告"有利于降低维权成本、提高纠纷解决效率和节约司法资源，符合经济效益。本田株式会社发送侵权警告信属于专利权人维护其专利权的一种自力救助行为……"❷在深圳市理邦精密仪器股份有限公司与深圳迈瑞生物医疗电子股份有限公司商业诋毁纠纷再审民事裁定书中，最高人民法院同样认为，允许通过侵权警告方式解决争议，有利于降低维权成本、提高纠纷解决效率和节约司法资源。❸

也正是基于这一认识，我国的一些法官对知识产权权利人在发现侵权后

---

❶ 余向阳，姚赛. 推动多元解纷机制　彰显法治文明价值［N］. 人民法院报，2019-07-08（02）.

❷ 最高人民法院民事判决书（2014）民三终字第 7 号。

❸ 最高人民法院民事裁定书（2015）民申字第 191 号。

绕过侵权警告、径直到人民法院起诉的做法明显不支持。在福州时代华晟版权代理有限公司、福州时代华晟版权代理有限公司厦门分公司与漳州龙文区欢乐迪休闲娱乐城侵害作品放映权案中，一审法院福建省漳州市中级人民法院认为，原告在得到授权后随即公证取证，说明原告明知被告曲库中存在其管理的作品，但原告并未发出侵权警告，而是直接公证取证并起诉，其维权行为明显缺乏应有的善意。一审法院认为，在发出侵权警告就能制止侵权的情况下，原告直接采用了成本更高的诉讼维权方式，显然不尽合理，对此造成扩大的维权费用（包括公证费用、律师费用等）应承担部分责任。❶在"黄某福与廖某程侵害作品复制权、发行权案"中，一审法院也持相同态度，认为在发出侵权警告就可能制止侵权行为的情况下，原告直接采用了成本更高的诉讼维权方式，由此造成维权成本的扩大，原告存在一定的过错，理应自行承担部分维权费用。❷

同样是基于这一认识，对我国知识产权案件数量急剧增长、人案矛盾日益加剧、疑难案件增多的发展趋势深感忧虑的研究人员建议将侵权警告作为知识产权侵权诉讼的前置程序，以过滤和分流案件。例如，有研究人员认为，应借鉴《德国著作权与相关权法》中的规则，明确将侵权警告作为知识产权侵权诉讼的法定前置程序，优先于司法程序——知识产权权利人只有先发布侵权警告，在未能及时实现发现、制止或解决侵权纠纷等目的的情况下，方能提起侵权诉讼。❸

1.2.2 恶意侵权警告的破坏性

知识产权侵权警告是一把双刃剑，在看到它作为一种方便快捷、成本低

---

❶ 福建省漳州市中级人民法院民事判决书（2011）漳民初字第 175 号。

❷ 厦门市思明区人民法院民事判决书（2013）思民初字第 9450 号。该案进入二审阶段，双方达成和解后撤诉。

❸ 谢晓尧. "倾听权利的声音"：知识产权侵权警告的制度机理［J］. 知识产权，2017（12）：38.

廉的自力纠纷解决机制的同时，还需要特别注意，知识产权垄断性权利与侵权之间边界的模糊性为恶意发送侵权警告、谋取不正当利益留下了较大的空间。

恶意发送侵权警告的现象，使得自力纠纷解决机制沦为了权利人谋取不正当利益的工具，侵害了被警告人与利害关系人的合法权益，危害了交易安全，同时也违背了知识产权制度激励创新的初衷。在 *Quads 4 Kids Ltd. v. Thomas Campbell（2006）*案中，原告 Quads 4 Kids Ltd. 在 eBay 平台上出售童车，被告 Thomas Campbell 在圣诞节销售旺季到来前联系 eBay 平台，声称自己已登记注册了 Quads 4 Kids Ltd. 所售童车的外观设计。eBay 平台因担心受知识产权侵权纠纷拖累，未经调查便匆忙决定将 Quads 4 Kids Ltd. 的童车产品下架，致使后者错失了圣诞节销售旺季，遭受了重大损失。❶ 而事实上，Thomas Campbell 并未登记注册所称的童车的外观设计。在双环股份公司与本田株式会社确认不侵害专利权纠纷中，本田株式会社先是向双环股份公司发送律师函，在双方都已分别向人民法院起诉的情况下，本田株式会社依然向双环股份公司在全国各地的十余家经销商发送警告函，被认为有打击竞争对手、争取交易对象之嫌。❷

在司法实践中，类似于 Thomas Campbell 和本田株式会社所实施的行为并非个案，而且形式多样，具体表现为以下五个类型。

（1）警告方并不具有所称的知识产权，包括以下情况：相关知识产权自始不存在（即警告方从未获得过相关权利）；相关知识产权虽现实存在，但警告方并非所称知识产权的真正权利人；相关知识产权已过法定保护期限；相关知识产权因未缴纳年费或未办理续展手续等原因被提前终止；相关知识产权权利人曾书面放弃过该知识产权等。在 *Quads 4 Kids Ltd. v. Thomas Campbell（2006）*案中，被告 Thomas Campbell 并未登记注册所称的外观设计。在安迪士公司与宁波市北仑博发美发用品用具有限公司、安迪士（上

---

❶ *Quads 4 Kids Ltd. v. Thomas Campbell（2006）*［EB/OL］.（2006-10-13）［2021-03-02］. https://uk.practicallaw.thomsonreuters.com/D-016-1587?transitionType=Default&contextData=（sc. Default）&firstPage=true&comp=pluk&bhcp=1.

❷ 河北省高级人民法院民事判决书（2013）冀民三初字第 1 号。

海）实业有限公司等侵害商标权纠纷中，宁波市北仑博发美发用品用具有限公司尚未进行商标注册却声称自己是商标注册人。❶

（2）警告方虽拥有所称被侵害的知识产权，但在没有任何初步证据显示可能侵权的情况下，向被警告人或利害关系人发出了侵权警告。

（3）在已初步查实侵权人的情况下，知识产权权利人绕过侵权人，直接向侵权人的利害关系人（产品分销商、终端用户、App 下载平台等）发出侵权警告。

《中华人民共和国专利法》（以下简称《专利法》）第七十七条规定："为生产经营目的使用、许诺销售或者销售不知道是未经专利权人许可而制造并售出的专利侵权产品，能证明该产品合法来源的，不承担赔偿责任。"我国《著作权法》和《商标法》中也包含了类似条款。这就意味着，诸如产品分销商、终端用户、App 下载平台等主体只要能证明其销售的侵权产品具有合法来源，将无须承担赔偿责任。在这种情况下，警告方绕过侵权人、直接向产品分销商、终端用户或 App 下载平台发出侵权警告，具有明显的干扰涉嫌侵权人正常生产经营活动或夺取涉嫌侵权人客户的主观恶意。

（4）虽有初步证据证明对方侵权，但为了达到损害对方商业信誉、夺取客户等不正当竞争目的，反复向涉嫌侵权人或利害关系人发送侵权警告。

（5）警告内容含糊其辞，故意让对方无法准确判断所称知识产权的真实性和有效性，以及自己的何种行为或产品侵犯了警告方的权利。在安迪士公司与宁波市北仑博发美发用品用具有限公司、安迪士（上海）实业有限公司等侵害商标权纠纷中，宁波市北仑博发美发用品用具有限公司委托律师向安迪士公司的经销商发送了侵权警告函，对于专利仅记载了专利名称，没有披露专利相同或近似的理由。❷

恶意发送侵权警告的一方之所以在很多时候能够得逞，很大程度上是利用了被警告人，尤其是被警告人的利害关系人畏惧知识产权侵权诉讼的心理，而这种畏惧心理多源于知识产权侵权案件技术性强、审理周期长的

---

❶ 上海知识产权法院民事判决书（2018）沪 73 民终 365 号。
❷ 上海知识产权法院民事判决书（2018）沪 73 民终 365 号。

特点。英国高等法院的雷迪法官（Justice Laddie）在 *Reckitt Benkiser UK v. Home Pairfum Ltd and others* 案的判决中这样慨叹道：

> 专利侵权诉讼的成本和复杂性被认为是如此之高，以至于只要发出诉讼威胁便可将竞争对手驱逐出市场。因此，即便提起诉讼后胜算概率很低，一些肆无忌惮的专利权人也会被诱使去发出诉讼威胁，尽管他们无意起诉。●

恶意发送侵权警告行为的破坏性可以总结为以下四个方面。

第一，它侵犯了被警告人与利害关系人的合法权益。在收到恶意侵权警告后，被警告人要么按照侵权警告的要求停止生产、销售相关产品或提供相关服务，并进行经济赔偿，要么不得不腾出很多精力来应对恶意侵权警告，如在寻求专业建议后向法院提起确认不侵害知识产权诉讼以消灭权利的不稳定状态，或者是以商业诋毁为由提起反不正当竞争诉讼。很多被警告人即便是通过确认不侵害知识产权诉讼或反不正当竞争诉讼最终证明了自己的清白，但要重塑企业形象、恢复名誉和客户信任，仍需要很长的时间。在此过程中，很有可能恶意警告方已经成功夺走了原本属于被警告人的客户，抑或是被警告人错过了产品或服务的黄金收益阶段。

第二，恶意知识产权侵权警告与恶意知识产权诉讼一样，妨碍了创新。一方面，被警告人可能不得不中止甚至是终结已经投入大量资本、人力和物力开展的研发项目，转而将一大部分精力投入应对恶意侵权警告中来；另一方面，一旦知识产权权利人获取与利用知识产权的目的不再是满足人们的艺术欣赏需要、标识产品或服务、改进现有技术或方法，而是通过警告、威胁相对人来获取竞争优势与经济利益，那么此类的知识产权获取和利用就会与知识产权制度的初衷相违背。

第三，危害了交易安全。● 由于产品的分销商、销售平台等判断力较弱、避险意识更强，就难免会反复出现 *Quads 4 Kids Ltd. v. Thomas Campbell*

● *Reckitt Benkiser UK v. Home Pairfum Ltd & Ors*（2004）EWHC 302（Pat）（13 February 2004），判决书全文见：http://www.bailii.org/ew/cases/EWHC/Patents/2004/302.html。

● 刘鹏. 浅谈对知识产权滥用的规制 [J]. 中国发明与专利，2015（1）：93.

（2006）案中的情况——销售平台只要收到侵权警告，无论侵权警告是否为恶意，都会选择将商品下架或不再销售。尤其当前商业活动对互联网的依赖已经达到了无以复加的地步，警告方向 App 下载平台发出警告、导致 App 下载平台将被警告人的 App 下架的，将意味着被警告人的相关商业活动寸步难行。在东莞银行股份有限公司确认不侵害专利权纠纷中，由于被告多次向苹果公司投诉东莞银行运营的"东莞银行手机银行"App 和"东莞银行村镇银行手机银行"App 侵权，最终导致两款 App 从苹果应用商店下架，使得东莞银行数百万老用户无法正常更新软件，新用户无法正常下载安装软件，给东莞银行的商誉和公司经营造成了巨大负面影响，甚至威胁用户资金安全和金融秩序稳定。❶

第四，由此引发的诉讼，无论是确认不侵害知识产权诉讼还是反不正当竞争诉讼，都将占用大量宝贵的司法资源。特别需要指出的是，许多确认不侵害知识产权诉讼进入了二审甚至是再审阶段，尤其应予以重视。

因此，应辩证、客观地看待知识产权侵权警告行为：既要看到侵权警告作为知识产权纠纷多元化解决机制的选项之一所具有的效率高、成本低甚至是促成双赢局面的潜在优势，又要对恶意发送侵权警告所可能导致的侵害被警告人与利害关系人的合法权益、扼杀创新、危害交易安全及可能耗费宝贵司法资源的后果保持高度警觉。在此认识的基础上，立法在规范侵权警告时，既要引导、鼓励甚至强制知识产权权利人利用侵权警告来处理知识产权侵权纠纷，同时又要避免侵权警告沦为不正当竞争的工具及由此带来一系列有悖于知识产权制度设计初衷的后果。

1.3　立法规制知识产权侵权警告的必要性和紧迫性

目前，除针对网络服务提供者和电子商务平台经营者的避风港原则外，我国无论是程序法还是实体法，对知识产权侵权警告的规制均不够充分，因

---

❶　最高人民法院民事裁定书（2020）最高法知民终 225 号。

此难以确保规制效果的有效性。由此，必然会产生以下两个后果。一方面，无法充分发挥侵权警告应对知识产权侵权纠纷的工具价值，难以落实"把非诉讼纠纷解决机制挺在前面"的指导原则。另一方面，在实践中，恶意发送侵权警告的现象有愈演愈烈之势，被警告人与利害关系人苦不堪言。●我国目前应加紧在立法中进一步明确对知识产权侵权警告进行规制，这一立法任务不仅是重要的，而且是异常紧迫的。

首先，从司法实践来看，知识产权侵权纠纷越来越多，围绕着知识产权侵权警告产生的诉讼纠纷也越来越多。我国亟须通过系统规制知识产权侵权警告行为的相关立法，来引导、鼓励知识产权权利人通过侵权警告解决知识产权侵权纠纷，以分担审判部门的压力。

其次，相比较研究者关注较多的恶意知识产权侵权诉讼，恶意知识产权侵权警告的破坏性更大。这是因为，就目前来看，法律对于很多恶意侵权警告方发送侵权警告行为本身没有任何门槛限制，除了少数情况下的律师函费用外，也几乎没有其他经济成本和时间成本。即便侵权警告是恶意的，被警告人通过提起确认不侵害知识产权诉讼或反不正当竞争诉讼胜诉了，恶意警告方也不会为自己的恶意警告行为付出实质性代价。这一现实必然会进一步刺激恶意发送知识产权侵权警告的行为。

再次，打击包括恶意侵权警告在内的滥用知识产权行为，是《保护工业产权巴黎公约》（以下简称《巴黎公约》）成员方履行其基于《巴黎公约》第十条之二和第十条之三所设定义务的需要。

最后，立法的不足是导致世界各国恶意发送知识产权侵权警告现象屡禁不止的制度原因。除《中华人民共和国民法典》（以下简称《民法典》）、《中华人民共和国电子商务法》（以下简称《电子商务法》）和《信息网络传播权保护条例》中的"避风港原则"外，我国现有立法中只有一些原则性规定，主要体现在《中华人民共和国宪法》（以下简称《宪法》）、《中华人民共和国反不正当竞争法》（以下简称《反不正当竞争法》）和《专利法》中。《最

● 程德理. 专利侵权警告函滥用规制研究［J］. 知识产权，2021（5）：57.

高人民法院关于审理侵犯专利权纠纷案件应用法律若干问题的解释》（法释〔2009〕21号）确立了确认不侵犯专利权诉讼这一司法救济渠道，但确认不侵犯知识产权诉讼有其固有缺陷，以商业诋毁为由提起反不正当竞争诉讼也同样存在诸多问题。最高人民法院在相关案例中，曾对恶意发送知识产权侵权警告的行为进行了评价，但只涉及部分内容，缺乏系统性。另外，由于我国是成文法国家，案例的影响力和指导作用有限。

1.4　小　结

在"把非诉讼纠纷解决机制挺在前面"的知识产权纠纷多元化解决机制构建过程中，侵权警告机制应占据重要席位。作为一种自力纠纷解决机制，侵权警告相较于诉讼有其特殊优势，但随之而来的风险也不容忽视。在规制知识产权侵权警告立法缺位的情况下，侵权警告化解知识产权侵权纠纷的功能发挥受限，风险也难以规避。鉴于立法规制知识产权侵权警告的必要性和紧迫性，应在认清我国规制知识产权侵权警告法律现状的基础上，借鉴域外相关立法经验，尽快构建我国规制知识产权侵权警告的立法体系。

第 2 章

我国规制知识产权侵权警告的法律、司法实践现状与关键问题

2.1 我国规制知识产权侵权警告的法律与司法实践现状

"恶意诉讼"和"（恶意）侵权警告"在我国现有法律中是比较陌生的概念。全国人大及其常委会的立法从未使用"恶意诉讼"或"（恶意）侵权警告"等表述❶，可以间接调整相关行为的法律有《宪法》《民法典》《电子商务法》《信息网络传播权保护条例》《专利法》《反不正当竞争法》。此外，最高人民法院还发布了三个相关司法解释与一个指导意见，分别是《最高人民法院关于审理侵犯专利权纠纷案件应用法律若干问题的解释》（法释〔2009〕21号）、《最高人民法院关于知识产权民事诉讼证据的若干规定》（法释〔2020〕12号）、《最高人民法院关于涉网络知识产权侵权纠纷几个法律适用问题的批复》（法释〔2020〕9号）和《最高人民法院关于审理涉电子商务平台知识产权民事案件的指导意见》（法发〔2020〕32号）。在目前的司法实践中，如果被警告人认为利益受到侵害，可以提起确认不侵害知识产权诉讼和商业诋毁不正当竞争诉讼。

---

❶ 在"国家法律法规数据库"（https://flk.npc.gov.cn/）中，以"恶意诉讼"为检索词、以"标题＋正文"为检索式，可以发现只有三部地方性法规规定了恶意诉讼，分别为《江西省优化营商环境条例》《贵州省文明行为促进条例》《西藏自治区人民代表大会常务委员会关于加强和改进人民法院民事执行工作的决定》；以"恶意警告"为检索词、以"标题＋正文"为检索式，未命中任何结果；以"侵权警告"为检索词、以"标题＋正文"为检索式，只检索到一个司法解释，即《最高人民法院关于知识产权民事诉讼证据的若干规定》。

2.1.1 立法

2.1.1.1 《宪法》

我国《宪法》第五十一条规定：

> 中华人民共和国公民在行使自由和权利的时候，不得损害国家的、社会的、集体的利益和其他公民的合法的自由和权利。

这一规定可以作为规范一切为非正当目的行使公民自由和权利的指导性原则与立法基础，包括恶意诉讼和恶意侵权警告。但由于《宪法》条款多属于原则性规定，很难为规制知识产权侵权警告提供较为直接的依据。

2.1.1.2 《民法典》

《民法典》第一编"总则"确立了民事活动的六大原则，其中与知识产权的保护与利用紧密相关的有以下条款。

> 第六条　民事主体从事民事活动，应当遵循公平原则，合理确定各方的权利和义务。
>
> 第七条　民事主体从事民事活动，应当遵循诚信原则，秉持诚实，恪守承诺。
>
> 第八条　民事主体从事民事活动，不得违反法律，不得违背公序良俗。
>
> 第九条　民事主体从事民事活动，应当有利于节约资源、保护生态环境。

《民法典》第六条至第九条分别确立了民事活动应普遍遵循的公平原则、诚信原则、守法与公序良俗原则和绿色原则。在民事权利行使方面，《民法典》第一百三十二条还要求民事主体不得滥用民事权利损害国家利益、社会公共利益或者他人合法权益。

就规范知识产权侵权警告行为而言，《民法典》的上述五个条款确立了比《宪法》更细致、更全面的指导原则和要求。显然，恶意发送知识产权侵权警告，会同时违反公平原则、诚信原则、守法与公序良俗原则和绿色原则，并且会损害社会公共利益和他人合法权益，因此应坚决予以制止。

就网络侵权而言，《民法典》在第一千一百九十五条和第一千一百九十六条再次阐明了避风港原则，并扩大了避风港原则的适用范围。

第一千一百九十五条　网络用户利用网络服务实施侵权行为的，权利人有权通知网络服务提供者采取删除、屏蔽、断开链接等必要措施。通知应当包括构成侵权的初步证据及权利人的真实身份信息。

网络服务提供者接到通知后，应当及时将该通知转送相关网络用户，并根据构成侵权的初步证据和服务类型采取必要措施；未及时采取必要措施的，对损害的扩大部分与该网络用户承担连带责任。

权利人因错误通知造成网络用户或者网络服务提供者损害的，应当承担侵权责任。法律另有规定的，依照其规定。

第一千一百九十六条　网络用户接到转送的通知后，可以向网络服务提供者提交不存在侵权行为的声明。声明应当包括不存在侵权行为的初步证据及网络用户的真实身份信息。

网络服务提供者接到声明后，应当将该声明转送发出通知的权利人，并告知其可以向有关部门投诉或者向人民法院提起诉讼。网络服务提供者在转送声明到达权利人后的合理期限内，未收到权利人已经投诉或者提起诉讼通知的，应当及时终止所采取的措施。

《民法典》第一千一百九十五条第一款明确了权利人[1]的通知权，即在发现网络用户利用网络服务实施侵权行为后，权利人有权通知网络服务提供者，要求后者采取包括但不限于删除、屏蔽、断开链接等技术措施阻止侵权行为继续发生，该通知在内容上应包括侵权的初步证据和权利人的真实身份信息。该条第二款聚焦网络服务提供者的义务与责任，包括转送通知义务、

---

[1]　这里的"权利人"是指一切民事权益在网络上受到侵害或者认为受到侵害的自然人、法人或者非法人组织，并不限于《信息网络传播权保护条例》保护的著作权人、表演者、录音录像制作者。

采取必要技术措施义务和在未及时采取必要技术措施的情况下对扩大的损害与侵权网络用户承担连带责任的义务。根据该条第三款，同时符合以下四个条件，因错误通知给网络用户或者网络服务提供者造成损害的，权利人应当承担侵权责任：①权利人虽声称某一网络信息构成侵权，但最终被人民法院裁判认定不构成侵权；②被投诉或者被起诉的网络用户或网络服务提供者遭受了损害；③错误通知行为与网络用户、网络服务提供者遭受的损害之间存在因果关系；④发出错误通知的权利人有故意或为过失。❶

《民法典》第一千一百九十六条第一款首先明确了网络用户在收到转送的通知后有权向网络服务提供者提交不侵权的声明，声明的内容应包括不侵权的初步证据和网络用户的真实身份信息。该条第二款规定了网络服务提供者在接收到声明后将声明转送给权利人的义务，并在经过合理期限后❷如果权利人怠于投诉或起诉，则有反向操作、终止已采取的技术措施的义务。

《民法典》中的"避风港原则"承袭自《信息网络传播权保护条例》和《电子商务法》。在经过多年的立法探索和司法实践检验后，"避风港原则"的适用范围不断扩大，从适用于网络著作权侵权扩大到所有网络侵权；规则本身也日渐成熟，从当初的"通知—删除"演变为当下的"通知—删除—反通知—恢复"。

《民法典》第一千一百九十五条和第一千一百九十六条中的"通知"在本质上与侵权警告相同，都是权利人采取的自力救济行为。就规制知识产权侵权警告而言，"避风港原则"明确了权利人通知的权利、确立了通知内容的一般要求和错误通知的法律责任，并敦促权利人在通知未果的情况下通过

---

❶ 张新宝. 中国民法典释评·侵权责任编［M］. 北京：中国人民大学出版社，2020：166.

❷《电子商务法》第四十三条第二款规定："……电子商务平台经营者在转送声明到达知识产权权利人后十五日内，未收到权利人已经投诉或者起诉通知的，应当及时终止所采取的措施。"《民法典》中的对应条款进行了模糊处理，只是提及网络服务提供者在"合理期限内"未收到权利人已经投诉或者提起诉讼通知的，应当及时终止所采取的措施。根据《最高人民法院关于涉网络知识产权侵权纠纷几个法律适用问题的批复》（法释〔2020〕9号）第三条，该合理期限最长不超过20个工作日。

投诉或起诉的方式维权。这些内容对于指导知识产权权利人通过发送侵权警告维权及预防恶意侵权警告而言，具有重要的现实意义。但在肯定《民法典》第一千一百九十五条和第一千一百九十六条规制知识产权侵权警告的积极作用的同时，也应当看到以"避风港原则"来应对知识产权侵权警告，将面临以下问题。

首先，避风港原则旨在解决网络环境下的侵权行为与权利人利益的保障问题，但对于非网络环境下的知识产权侵权纠纷的通知、警告缺乏指导作用。

其次，"避风港原则"要求的"通知—删除—反通知—恢复"操作最终目的是要摘除网络服务提供者的责任。"网络服务提供者"是一个非常宽泛的概念，包括网络信息传输基础服务提供者、网络接入服务提供者、网络内容服务提供者、网络空间服务提供者、网络信息搜索服务提供者、网络链接服务提供者及综合服务提供者等。❶就知识产权侵权而言，这些类型的网络服务提供者扮演的角色并不相同，但主要身份都是知识产权侵权行为的间接实施者。因此，避风港原则在本质上并不能直接调整知识产权权利人与直接侵权人（如网络用户）之间的关系。《民法典》第一千一百九十六条第二款规定，网络服务提供者接到声明后，应当将该声明转送发出通知的权利人，并告知其可以向有关部门投诉或者向人民法院提起诉讼。这表明，在立法者看来，知识产权权利人应通过向行政部门投诉或提起诉讼的方式，来解决与网络用户之间的侵权纠纷，而不是向网络服务提供者主张权利。

最后，《民法典》的这两条内容相对笼统，执行难度较大。例如，对"通知"在内容上的要求只有两项：构成侵权的初步证据及权利人的真实身份信息。又如，对"错误通知"缺乏进一步的界定和分类。

2.1.1.3 《电子商务法》

《电子商务法》于 2019 年 1 月 1 日开始施行，致力于保障电子商务各方主体的合法权益，规范电子商务行为，维护市场秩序，促进电子商务持续健康发展。

---

❶ 张新宝. 中国民法典释评·侵权责任编［M］. 北京：中国人民大学出版社，2020：185 .

《电子商务法》中与知识产权侵权警告最密切相关的内容依然是"避风港原则"。

第四十二条 知识产权权利人认为其知识产权受到侵害的,有权通知电子商务平台经营者采取删除、屏蔽、断开链接、终止交易和服务等必要措施。通知应当包括构成侵权的初步证据。

电子商务平台经营者接到通知后,应当及时采取必要措施,并将该通知转送平台内经营者;未及时采取必要措施的,对损害的扩大部分与平台内经营者承担连带责任。

因通知错误造成平台内经营者损害的,依法承担民事责任。恶意发出错误通知,造成平台内经营者损失的,加倍承担赔偿责任。

第四十三条 平台内经营者接到转送的通知后,可以向电子商务平台经营者提交不存在侵权行为的声明。声明应当包括不存在侵权行为的初步证据。

电子商务平台经营者接到声明后,应当将该声明转送发出通知的知识产权权利人,并告知其可以向有关主管部门投诉或者向人民法院起诉。电子商务平台经营者在转送声明到达知识产权权利人后十五日内,未收到权利人已经投诉或者起诉通知的,应当及时终止所采取的措施。

与《民法典》第一千一百九十五条和第一千一百九十六条给"网络服务提供者"设定知识产权治理义务不同,《电子商务法》旨在给电子商务平台经营者设定知识产权治理义务。这里的"电子商务平台经营者"(简称"电商平台",区别于"平台经营者")是指在电子商务中为交易方提供网络经营场所、交易协商和信息发布等服务的平台。但在具体的知识产权治理义务内容上,《电子商务法》除了明确"恶意发出错误通知,造成平台内经营者损失"时的惩罚性赔偿责任,其他内容与《民法典》基本一致。

2.1.1.4 《信息网络传播权保护条例》

2006 年 7 月 1 日开始施行的《信息网络传播权保护条例》构建了一套完善的网络著作权侵权处理流程,较早地引入了"避风港原则"。该条例中的

"避风港原则"条款是第十四条至第十七条。

第十四条　对提供信息存储空间或者提供搜索、链接服务的网络服务提供者，权利人认为其服务所涉及的作品、表演、录音录像制品，侵犯自己的信息网络传播权或者被删除、改变了自己的权利管理电子信息的，可以向该网络服务提供者提交书面通知，要求网络服务提供者删除该作品、表演、录音录像制品，或者断开与该作品、表演、录音录像制品的链接。通知书应当包含下列内容：

（一）权利人的姓名（名称）、联系方式和地址；

（二）要求删除或者断开链接的侵权作品、表演、录音录像制品的名称和网络地址；

（三）构成侵权的初步证明材料。

权利人应当对通知书的真实性负责。

第十五条　网络服务提供者接到权利人的通知书后，应当立即删除涉嫌侵权的作品、表演、录音录像制品，或者断开与涉嫌侵权的作品、表演、录音录像制品的链接，并同时将通知书转送提供作品、表演、录音录像制品的服务对象；服务对象网络地址不明、无法转送的，应当将通知书的内容同时在信息网络上公告。

第十六条　服务对象接到网络服务提供者转送的通知书后，认为其提供的作品、表演、录音录像制品未侵犯他人权利的，可以向网络服务提供者提交书面说明，要求恢复被删除的作品、表演、录音录像制品，或者恢复与被断开的作品、表演、录音录像制品的链接。书面说明应当包含下列内容：

（一）服务对象的姓名（名称）、联系方式和地址；

（二）要求恢复的作品、表演、录音录像制品的名称和网络地址；

（三）不构成侵权的初步证明材料。

服务对象应当对书面说明的真实性负责。

第十七条　网络服务提供者接到服务对象的书面说明后，应当立即恢复被删除的作品、表演、录音录像制品，或者可以恢复与被断开的作品、表演、录音录像制品的链接，同时将服务对象的书面说明转送权利人。权利人不得再通知网络服务提供者删除该作品、表演、录音录像制品，或者断开与该作品、表演、录音录像制品的链接。

通过细读上述条款可以看出，《信息网络传播权保护条例》中的"避风港原则"已经先后被《电子商务法》和《民法典》所吸收。

2.1.1.5 《专利法》

2020 年 10 月 17 日，第十三届全国人民代表大会常务委员会第二十二次会议通过了《关于修改〈中华人民共和国专利法〉的决定》，这是我国《专利法》的第四次修正，此次修正新增了第二十条。

> 第二十条　申请专利和行使专利权应当遵循诚实信用原则。不得滥用专利权损害公共利益或者他人合法权益。
>
> 滥用专利权，排除或者限制竞争，构成垄断行为的，依照《中华人民共和国反垄断法》处理。

《专利法》第二十条的特殊意义在于明确提出了不得滥用知识产权"损害公共利益或者他人合法权益"和"排除或限制竞争"，与《民法典》第一百三十二条的规定一致。这说明立法者已注意到恶意利用知识产权行为的危害性。相比较《宪法》和《民法典》中的原则性条款，《专利法》第二十条提供了更清晰的应对知识产权侵权警告的法律依据，但也仅仅是确立了不得滥用专利权的原则，并明确了"构成垄断行为的，将依照《中华人民共和国反垄断法》处理"的思路。《著作权法》《商标法》等其他知识产权法案尚未确立类似原则。因此，到目前为止，包括《专利法》在内的知识产权法案在应对知识产权侵权警告方面依然缺乏系统性、统一性和明确性。

2.1.1.6 《反不正当竞争法》

我国《反不正当竞争法》中与知识产权侵权警告密切相关的条款是第二条第一款和第十一条。

> 第二条　经营者在生产经营活动中，应当遵循自愿、平等、公

平、诚信的原则，遵守法律和商业道德。

本法所称的不正当竞争行为，是指经营者在生产经营活动中，违反本法规定，扰乱市场竞争秩序，损害其他经营者或者消费者的合法权益的行为。

本法所称的经营者，是指从事商品生产、经营或者提供服务（以下所称商品包括服务）的自然人、法人和非法人组织。

第十一条　经营者不得编造、传播虚假信息或者误导性信息，损害竞争对手的商业信誉、商品声誉。

《反不正当竞争法》第二条确立了市场交易的基本原则，包括自愿、平等、公平和诚实信用。这些内容在《民法典》"总则编"得到了全面确认。第十一条列举了与知识产权相关的不正当竞争行为，即以损害竞争对手的商业信誉、商品声誉为目的，编造、传播虚假信息或者误导性信息，对应《巴黎公约》第十条之二第三款中的禁止性行为。恶意知识产权侵权警告往往涉及编造、传播虚假信息或者误导性信息。因此，恶意发送知识产权侵权警告行为涉嫌同时违反《反不正当竞争法》第二条和第十一条。被警告人认为警告方编造、传播虚假信息或者误导性信息，损害自己商业信誉、商品声誉的，可以依据《反不正当竞争法》追究商业诋毁的责任。❶

不过，从《巴黎公约》和我国《反不正当竞争法》的相关条款可以看出，依据《反不正当竞争法》规范知识产权侵权警告行为有很大的局限性。一方面，《反不正当竞争法》对正当利用侵权警告来处理知识产权侵权纠纷缺乏引导作用，更谈不上鼓励，毕竟反不正当竞争法的直接立法目的是通过"制止不正当竞争行为"来"保护经营者和消费者的合法权益"。❷另一方面，《反不正当竞争法》虽然可以为知识产权制度提供兜底性的保护与救济，但就规制知识产权侵权警告而言，缺乏对不同客体的细致认识，所提供的保护

---

❶ 在中国裁判文书网，以"全文 = 侵权警告"为检索式，可以检索到不正当竞争纠纷裁判文书 46 篇（截至 2021 年 12 月 31 日）。

❷ 我国《反不正当竞争法》第一条规定："为了促进社会主义市场经济健康发展，鼓励和保护公平竞争，制止不正当竞争行为，保护经营者和消费者的合法权益，制定本法。"

与救济规则多为粗线条设计，与具体的知识产权客体贴合度不高。此外，在司法实践中，商业诋毁不正当竞争诉讼也存在诸多问题，具体分析见后。

从域外经验来看，以英国和澳大利亚为代表的英美法国家除了在反不正当竞争法案中执行《巴黎公约》的义务之外，还在各主要知识产权法案中明确了规制知识产权诉讼威胁的措施，大幅提高了针对性。司法实践已经印证了反不正当竞争法案应对知识产权侵权警告的先天不足和知识产权法案应对侵权警告的有效性。一个重要指标是代表性国家因诉讼威胁引发的诉讼数量大幅减少，有的国家年度诉讼数量甚至维持在个位数。

2.1.2　司法解释与指导意见

2.1.2.1　《最高人民法院关于审理侵犯专利权纠纷案件应用法律若干问题的解释》

《最高人民法院关于审理侵犯专利权纠纷案件应用法律若干问题的解释》于 2009 年 12 月 21 日由最高人民法院审判委员会第 1480 次会议通过，自 2010 年 1 月 1 日起施行。该司法解释共有二十条内容，第十八条规定：

> 权利人向他人发出侵犯专利权的警告，被警告人或者利害关系人经书面催告权利人行使诉权，自权利人收到该书面催告之日起一个月内或者自书面催告发出之日起二个月内，权利人不撤回警告也不提起诉讼，被警告人或者利害关系人向人民法院提起请求确认其行为不侵犯专利权的诉讼的，人民法院应当受理。

该司法解释第十八条与知识产权侵权警告具有直接关联性，规定如果同时满足以下三个条件●，被警告人或者利害关系人可以向人民法院提起确认不侵犯专利权诉讼：①专利权人发出了侵犯专利权的警告；②被警告人或者利

● 事实上，早在 2002 年，《最高人民法院关于苏州龙宝生物工程实业公司与苏州朗力福保健品有限公司请求确认不侵犯专利权纠纷案的批复》（〔2001〕民三他字第 4 号）就明确指出人民法院可以受理此类诉讼，但这一批复并未明确提起确认不侵犯专利权诉讼必要要满足的前提条件。该批复已被《最高人民法院关于审理侵犯专利权纠纷案件应用法律若干问题的解释》取代。

害关系人书面催告专利权人行使诉权；③自专利权人收到该书面催告之日起一个月内，或者自书面催告发出之日起两个月内，专利权人既未撤回警告也未提起诉讼。❶

该条内容具体明确，可操作性强。截至 2021 年 12 月 31 日，据"中国裁判文书网"的统计数据，案由为"确认不侵害专利权纠纷"的裁判文书共 189 篇。年度数据显示，自 2013 年开始，确认不侵害专利权纠纷的数量基本上呈稳定增长态势，从 2016 年的 24 起增长至 2020 年的 37 起，2021 年略有回落，为 21 起。

从审判实践来看，通过确认不侵犯专利权诉讼所要实现的目的主要有：①制止被告干扰原告的正常经营；❷②制止知识产权滥用及防止利害关系人滥用诉权；❸③消除原告行为是否构成侵权的不确定状态等。❹❺

从效果来看，确认不侵害专利权诉讼的裁判结果一旦认定原告实施的行为并未侵犯专利权，那么专利权人所谓的"侵权警告"也就失去了正当性基础。不过，确认不侵害知识产权诉讼这一司法救济渠道在应对知识产权侵权警告方面也存在诸多问题，详细分析见 2.1.3.1。

2.1.2.2　《最高人民法院关于知识产权民事诉讼证据的若干规定》

《最高人民法院关于知识产权民事诉讼证据的若干规定》于 2020 年 11 月 9 日经最高人民法院审判委员会第 1815 次会议通过，自 2020 年 11 月 18 日起施行。该司法解释第五条规定：

提起确认不侵害知识产权之诉的原告应当举证证明下列事实：

---

❶ 闫文军. 确认不侵犯专利权之诉的受理条件——南京金兰湾贸易有限公司与陈静、浙江天猫网络有限公司确认不侵犯专利权纠纷案［J］. 中国发明与专利，2019，16（4）：112-115.

❷ 浙江省宁波市中级人民法院民事判决书（2019）浙 02 民初 949 号。

❸ 北京市高级人民法院民事判决书（2019）京民终 1654 号。

❹ 浙江省宁波市中级人民法院民事判决书（2019）浙 02 民初 1119 号；最高人民法院民事裁定书（2020）最高法知民终 1464 号。

❺ 王忠诚，雷艳珍. 确认不侵犯专利权诉讼的受理条件［J］. 法律适用，2014（6）：95-98.

（一）被告向原告发出侵权警告或者对原告进行侵权投诉；

（二）原告向被告发出诉权行使催告及催告时间、送达时间；

（三）被告未在合理期限内提起诉讼。

该条明确了提起确认不侵害知识产权诉讼的原告应当举证证明的事实，与《最高人民法院关于审理侵犯专利权纠纷案件应用法律若干问题的解释》第十八条明确的提起请求确认不侵害专利权诉讼的条件相呼应。

2.1.2.3 《最高人民法院关于涉网络知识产权侵权纠纷几个法律适用问题的批复》

《最高人民法院关于涉网络知识产权侵权纠纷几个法律适用问题的批复》于 2020 年 8 月 24 日经最高人民法院审判委员会第 1810 次会议通过，自 2020 年 9 月 14 日起施行。该司法解释对涉及网络知识产权侵权纠纷的法律适用问题进行了补充说明，特别是明确了以下四个方面。

（1）网络服务提供者、电子商务平台经营者在收到知识产权权利人发出的通知后未采取必要措施的，对损害的扩大部分承担连带责任。

（2）转送不侵权的声明后，在未收到投诉、起诉通知的情况下，网络服务提供者、电子商务平台经营者终止所采取技术措施的合理期限为最长不超过二十个工作日。

（3）因恶意提交声明导致电子商务平台经营者终止必要措施并造成知识产权权利人损害的，权利人有权请求惩罚性赔偿。这一规定与《电子商务法》第四十二条第三款"（知识产权权利人）恶意发出错误通知，造成平台内经营者损失的，加倍承担赔偿责任"的规定互补。

（4）再次重申了"初步证据"标准——知识产权权利人发出的通知内容与客观事实不符，但通知系善意且能够举证证明的，人民法院将支持免责请求。

2.1.2.4 《最高人民法院关于审理涉电子商务平台知识产权民事案件的指导意见》

最高人民法院于 2020 年 9 月 10 日印发了《最高人民法院关于审理涉电子商务平台知识产权民事案件的指导意见》，旨在为公正审理涉电子商务平台的知识产权民事案件提供指导，依法保护电子商务领域各方主体的合法权益，促进电子商务平台经营活动规范、有序、健康地发展。该指导意见中与知识产权侵权警告机制密切相关的有以下内容。

（1）要求人民法院积极引导当事人遵循诚实信用原则，依法正当行使权利，妥善处理好知识产权权利人、电子商务平台经营者、平台内经营者等各方主体之间的关系。

（2）进一步细化了知识产权权利人向电子商务平台经营者发出的通知的要求，要求通知一般应包括以下内容：①知识产权权利证明及权利人的身份信息；②能够实现准确定位被诉侵权商品或者服务的信息；③侵权的初步证据；④通知真实性的书面保证等。

对于涉及专利权的通知，电子商务平台经营者可以要求专利权人提交技术特征或者设计特征对比的说明、实用新型或者外观设计专利权评价报告等材料。

（3）明确了人民法院在认定通知人是否具有恶意时应参考的因素，包括：①通知人提交权利证明的真实性（不得提交伪造、变造的权利证明）；②通知人提交的侵权对比的鉴定意见、专家意见的真实性（不得提交虚假的鉴定意见、专家意见）；③通知人是否明知权利状态不稳定仍发出通知；④通知人是否明知通知错误仍不及时撤回或者更正；⑤通知人反复提交错误通知等。

（4）对平台内经营者向电子商务平台经营者提交的不存在侵权行为的声明提出了内容要求，一般应包括以下内容：①平台内经营者的身份信息；②能够实现准确定位、要求终止必要技术措施的商品或者服务信息；③不存在侵权行为的初步证据，如相关的权属证明、授权证明等；④关于声明真实性的书面保证等。

对于涉及专利权的声明，电子商务平台经营者可以要求平台内经营者提交技术特征或者设计特征对比的说明等材料。

（5）明确了认定平台内经营者发出的声明是否具有恶意时可以参考的因素，包括：①提供的权利证明、授权证明的真实性（不得提交伪造或者无效的权利证明、授权证明）；②声明是否包含虚假信息或具有明显误导性；

③在通知已经附有认定侵权的生效裁判或者行政处理决定的情况下，是否仍坚持发出声明；④是否明知声明内容错误，但仍不及时撤回或者更正。

该指导意见中有关通知和声明的内容要件与真实性要求，以及在认定一件通知和声明是否具有恶意时的参考因素，对于确立正当的知识产权侵权警告标准及恶意侵权警告的判断具有非常重要的指导意义。

2.1.3 司法实践

基于我国目前的立法和司法解释，被警告人在收到知识产权侵权警告后不愿妥协的，将面临两条出路：第一条出路——如果被警告人或利害关系人认为权利处于不稳定状态，满足条件的，可以提起确认不侵害知识产权诉讼；❶第二条出路——如果被警告人或利害关系人认为警告方存在恶意、构成不正当竞争的，可以提起商业诋毁不正当竞争诉讼。但无论是确认不侵害知识产权诉讼，还是商业诋毁不正当竞争诉讼，这两种司法救济方式都存在明显的不足。

2.1.3.1 确认不侵害知识产权诉讼

《最高人民法院关于审理侵犯专利权纠纷案件应用法律若干问题的解释》第十八条为被警告人或利害关系人提供了通过提起确认不侵害专利权诉讼这一司法救济渠道来保障自身权益。"确认不侵害知识产权诉讼是制约知识产权权利人滥用权利、保护利害关系人免受是否侵害他人知识产权这一不确定状态干扰的补救性诉讼"❷，但依靠确认不侵害知识产权诉讼来系统规制知识产权侵权警告行为是远远不够的。

首先，确认不侵害知识产权诉讼属于消极的确认之诉，即请求人民法院

---

❶ 从司法实践来看，提起确认不侵害知识产权诉讼的一方未获法院支持的最主要原因是被警告人或者利害关系人未曾在起诉前催告知识产权权利人行使诉权，如杭州伊佳先物联科技有限公司、杭州开闳流体科技有限公司确认不侵害知识产权纠纷［最高人民法院民事裁定书（2020）最高法知民终 1464 号］。

❷ 最高人民法院民事判决书（2018）民终第 341 号。

确认当事人之间不存在某种法律关系。人民法院经过审理判定是否存在侵权后，将得出是否支持确认不侵权请求的结论，但并不评价侵权警告本身，包括侵权警告是否有恶意，是否出于不正当竞争目的，是否侵犯了被警告人与利害关系人的合法权益，以及是否危害了交易安全。

其次，确认不侵害知识产权诉讼采取宣告式判决❶，即宣告被警告人或者利害关系人是否侵犯了警告方的知识产权。对比英美法国家向恶意诉讼威胁受害人提供的三种救济方式❷，这一宣告式判决仅仅意味着我国确认不侵害知识产权诉讼的请求人只能间接获得相当于英美法国家"关于诉讼威胁为恶意诉讼威胁的宣告"这一救济措施。之所以说是"间接获得"，是因为受理确认不侵害知识产权诉讼请求的人民法院并不去评价引发确认不侵害知识产权诉讼的侵权警告行为本身，裁判结果一般也并不支持被警告人或者利害关系人提出的诸如损害赔偿方面的其他主张，更不会像澳大利亚和加拿大某些知识产权法案那样要求作出惩罚性赔偿。因此，即便是被警告人或者利害关系人因恶意侵权警告遭受损失，一般也无法得到损失补偿。人民法院对确认不侵害知识产权诉讼案件的裁判结果普遍印证了这一点。在浙江凯凯美多机车有限公司与本田技研工业株式会社确认不侵害商标权一案中，一审法院（浙江省台州市中级人民法院）和二审法院（浙江省高级人民法院）虽然都确认原告浙江凯凯美多机车有限公司在被告本田技研工业株式会社警告函所指的摩托车产品、产品宣传册及员工名片等处使用的"HAODA"标识不构成对被告第 1198975 号本田图形注册商标专用权的侵害，但原告要求被告赔偿经济损失人民币 5 万元的请求并未得到法院支持。❸在杭州慧米网络有限公司等与北京合兴创想科技有限公司确认不侵害商标权纠纷案中，一审法

---

❶　方双复. 请求确认不侵权之诉案件若干问题探析——从一起请求确认商标不侵权案谈起[J]. 电子知识产权，2006（3）：50-53.

❷　在知识产权法案中，规制恶意诉讼威胁的英美法国家普遍提供三种救济方式。例如，《澳大利亚版权法案》第二百零二条明确的救济方式有：①关于诉讼威胁为恶意诉讼威胁的宣告；②禁止再次发出诉讼威胁的命令；③因恶意诉讼威胁所遭受损失的赔偿。具体分析见第 3 章。

❸　浙江省台州市中级人民法院民事判决书（2016）浙 10 民初 327 号和浙江省高级人民法院民事判决书（2016）浙民终 694 号。

院明确指出，"至于赔偿合理支出的诉讼请求，确认之诉中主张民事赔偿责任缺乏法律依据，本院不予支持，当事人可以另行主张"。❶同样，在临海市中太机械有限公司与临海市创维机械有限公司确认不侵害专利权纠纷一案中，法院也明确指出"确认之诉只需要人民法院对某种法律关系存在或者不存在进行确认，并不涉及对其他法律关系的判断。因此，原告要求被告承担赔偿损失的责任无法在本案中得到解决，该诉请本案不予审查"。❷只有在极少数案件中，人民法院支持了原告损失赔偿和律师费的主张。❸

再次，根据现行《民事案件案由规定》[根据（法〔2020〕346号）第二次修正]，尽管确认不侵害知识产权纠纷下辖六个第四级案由❹，但《最高人民法院关于审理侵犯专利权纠纷案件应用法律若干问题的解释》只明确了确认不侵害专利权诉讼，而没有涉及确认不侵害著作权或确认不侵害商标权诉讼的相关规定。实践中，被警告人或者利害关系人起诉请求确认不侵害著作权或商标权的，人民法院一般只得比照适用前述司法解释。❺截至2021年12

---

❶ 北京市石景山区人民法院民事判决书（2019）京0107民初19559号。

❷ 浙江省宁波市中级人民法院民事判决书（2020）浙02知民初29号。

❸ 在东莞市神州视觉科技有限公司与东莞市合易自动化科技有限公司确认不侵害专利权纠纷案[广州知识产权法院民事判决书（2020）粤73知民初61号]中，法院支持了原告律师费60 000元的主张；在张某、石家庄水盼节能科技有限公司与孙某敏确认不侵害专利权纠纷案[河北省石家庄市中级人民法院民事判决书（2018）冀01民初573号]中，法院全额支持了原告损失及合理开支共93 000元。

❹ 现行《民事案件案由规定》中的第169种案由"确认不侵害知识产权纠纷"为第三级案由，上一级案由为第十四类"知识产权权属、侵权纠纷"。"确认不侵害知识产权纠纷"下辖六个第四级案由，分别为：（1）确认不侵害专利权纠纷；（2）确认不侵害商标权纠纷；（3）确认不侵害著作权纠纷；（4）确认不侵害植物新品种纠纷；（5）确认不侵害集成电路布图设计专用权纠纷；（6）确认不侵害计算机软件著作权纠纷。

❺ 例如，在苏某学与王某辉、陕西省新闻出版局确认不侵害著作权纠纷中，一审法院西安市中级人民法院认为，在确认不侵害著作权诉讼中，原告应当是曾经收到侵权警告的人，权利人向原告发出侵权警告后在合理期间内又未请求有权机关处理，致原告是否侵权处于不确定状态，从而可能损害原告的合法权益。又如，在红牛维他命饮料（江苏）有限公司确认不侵害商标权纠纷二审中，最高人民法院再次明确，"人民法院审理其他类型的确认不侵害知识产权诉讼，应当参照上述司法解释的规定处理"[最高人民法院民事判决书（2018）最高法民终341号]。

月 31 日，在"中国裁判文书网"上，案由为"确认不侵害著作权纠纷"的裁判文书数量为 92 篇；案由为"确认不侵害商标权纠纷"的裁判文书共有 225 篇，其数量比案由为"确认不侵害专利权纠纷"的裁判文书数量还要多。

此外，提起确认不侵害知识产权诉讼的前提条件之一是"自权利人收到该书面催告之日起一个月内或者自书面催告发出之日起二个月内，权利人不撤回警告也不提起诉讼"。这就意味着，即便侵权警告属于恶意警告，只要知识产权权利人在收到书面催告后一个月内撤回警告，那么被警告人或者利害关系人仍旧不得提起确认不侵害知识产权诉讼。但事实上，在恶意侵权警告发出后的一个月内，恶意侵权警告所造成的损害结果可能已经现实发生了。这种情况下，确认不侵害知识产权诉讼无法为受害人提供任何救济。

最后，确认不侵害知识产权诉讼只规范调整进入诉讼阶段的纠纷，属于事后救济模式。❶ 因此，就阻止恶意侵权警告而言，尤其是对于中小企业等脆弱目标受到的侵权警告，确认不侵害知识产权诉讼的门槛依然较高。❷ 对于更多的未进入诉讼阶段的侵权警告，更是无法进行规范。

另外需要指出的是，确认不侵害知识产权诉讼不仅对引导知识产权权利人利用侵权警告没有助益，还会打击他们通过侵权警告处理知识产权侵权纠纷的积极性，毕竟该司法解释让知识产权权利人认识到，在发出侵权警告后，等待他们的可能是被警告人或利害关系人提起的确认不侵害知识产权诉讼。

我国许多确认不侵害知识产权诉讼进入了二审甚至再审程序，从侧面反映出知识产权侵权警告问题的复杂性，也进一步凸显了改变我国目前缺乏直接规制知识产权侵权警告立法这一窘迫局面的紧迫性。

2.1.3.2　商业诋毁不正当竞争诉讼

被警告人可以提起商业诋毁不正当竞争诉讼，以阻击恶意发送知识产权侵权警告的行为。但是，这一司法救济渠道存在诸多问题。

---

❶ 程德理. 专利侵权警告函滥用规制研究 [J]. 知识产权，2021（5）：56.

❷ 邓玲. 论知识产权侵权警告"正当警告人"标准之构建 [J]. 知识产权研究，2020，27（1）：250-251.

首先，《反不正当竞争法》只能做到在一定程度上防范侵权警告变成实施不正当竞争行为的工具。之所以说效果仅维持在"一定程度上"，是因为实现这一目标的前提是相对人与利害关系人在收到侵权警告后没有选择退缩就范，而是勇敢地站出来，通过向法院起诉警告方不正当竞争来维护自己的合法权益。

其次，就恶意发送知识产权侵权警告行为而言，《反不正当竞争法》缺乏关于恶意警告的认定、救济渠道与救济措施等具体规则，既无法威慑恶意警告方，也不能给被警告人提供充分的救济。

最后，完全依赖《反不正当竞争法》规制恶意知识产权侵权警告行为，必然会出现恶意警告方侵权成本低而被警告人维权成本高的尴尬局面。由于《反不正当竞争法》缺乏认定恶意警告的标准，同时，由于被警告人普遍考虑和担忧知识产权诉讼的时间、经济成本及可能会因此丧失掉的商业机会，并不总是愿意站出来回击，因此，恶意警告方并无过多忌惮。而畏惧知识产权诉讼的被警告人在收到恶意警告后可能会委曲求全，放弃维权，与恶意警告方达成有利于后者的和解方案。即便是被警告人提起了反不正当竞争诉讼并最终胜诉，在损害赔偿方面，对于恶意警告造成的损失，尤其是发送给客户等人的恶意警告所造成的损失大小及因果关系链的建立，往往举证难度大，被警告人难以获得充分的赔偿。

以上被警告人面临的这两条司法救济渠道，除了前面已经分析的各自存在的问题以外，还需要特别指出的是，二者都属于事后救济，都将压力推向了人民法院。这与我国大力提倡的把非诉讼纠纷解决机制挺在前面的多元纠纷化解机制建设方向背道而驰。

从以上对我国现有相关立法、司法解释与指导意见和司法实践的回顾分析可以看出，我国目前为阻止恶意发送知识产权侵权警告行为提供了一些原则性规定。就网络环境下的知识产权侵权行为，《信息网络传播权保护条例》《电子商务法》和《民法典》确立了详尽并且一致的"避风港原则"，"通知—删除—反通知—恢复"对于处理网络环境下的知识产权侵权行为而言具有较强的适用性。在司法实践中，确认不侵害知识产权诉讼和商业诋毁不正当竞争诉讼为被警告人提供了两个选项。但是，已有的指导原则、具体措施和实践中的司法救济渠道在应用于引导知识产权权利人利用侵权警告处理知识产权侵权纠纷和防范恶意知识产权侵权警告方面缺乏贴合度和系统性，甚至对哪些行为构成侵权警告也缺乏可供遵循的统一标准。❶ 恶意警告方能否得逞，取决于被警告人或者利害关系人是否提起确认不侵害知识产权诉讼或商业诋毁不正当竞争诉讼并胜诉。即便是被警告人或者利害关系人在付出大量时间和金钱代价后胜诉，恶意警告方没有最终得逞，但恶意警告方也并未为此付出实质性代价，被警告人或者利害关系人的损失也难以得到有效弥补。这会进一步纵容恶意发送侵权警告行为，同时也使得多元化纠纷解决机制建设缺乏关键的自力救济环节。

值得庆幸的是，就立法规制知识产权侵权警告而言，我国目前也面临着许多机遇。

第一，人民法院就如何处理恶意知识产权侵权警告积累了大量的审判经验：对侵权警告应对知识产权侵权纠纷的优势及恶意警告的危害有了全面、客观的认识；认识到要想发挥侵权警告的纠纷解决功能和维护各方当事人之间的利益平衡，需要明确侵权警告的发送条件、内容要求、发送对象范围、发送方式等，并由知识产权权利人承担不正当侵权警告行为的法律责任。❷ 这一判断不仅强调了在规制知识产权侵权警告时应当遵循利益平衡原则，还指出了具体规制措施必须涉及的几个重要方面。在双环股份公司、本田株式

---

❶　在确认不侵害知识产权诉讼中，人民法院对侵权警告的构成一般采取比较开放的态度。在杭州伊佳先物联科技有限公司与杭州开闵流体科技有限公司确认不侵害知识产权纠纷一案中，一审法院认为，杭州开闵流体科技有限公司以侵害商业秘密为由起诉杭州伊佳先物联科技有限公司后又撤诉的行为构成侵权警告［浙江省杭州市中级人民法院民事裁定书（2020）浙01民初621号］。在谱瑞兰特国际影视文化传媒（北京）有限公司与张某敏确认不侵害著作权纠纷一案中，二审法院认为，在朋友圈或微信公众号的发文（"尽可能规避掉第一轮编剧的东西""以求达到帮制片方彻底抹去第一轮编剧创作痕迹之目的""剧本就成了四不像"等表述）符合主张对方侵害著作权的警告内容［北京知识产权法院民事裁定书（2020）京73民终1832号］。

❷　最高人民法院民事裁定书（2015）民申字第191号。

会社确认不侵害专利权纠纷二审民事判决书中，最高人民法院较为详细地论述了判断一项侵权警告是正当的维权行为还是打压竞争对手的不正当竞争行为的标准，认为应当根据发送侵权警告的具体情况来认定，"以警告内容的充分性、确定侵权的明确性为重点"。在"内容的充分性"方面，最高人民法院认为，"侵权警告的内容不应空泛和笼统，对于知识产权权利人的身份、所主张的权利的有效性、权利的保护范围及其他据以判断被警告行为涉嫌构成侵权的必要信息应当予以披露"。❶ 这一论述给各级人民法院在审理确认不侵害知识产权诉讼案件中判定侵权警告的正当性提供了相对清晰的参考标准。

第二，我国不断加强知识产权立法工作、增强保护创新的决心。我国知识产权法学科奠基人之一郭寿康教授曾经用"起步晚，成就大"的表述评价我国知识产权立法的进程。❷ 从 1982 年 8 月 23 日通过《商标法》开始，我国逐步跨入了知识产权立法的快车道，并经历了从为了加入世界贸易组织及迫于美国和欧盟压力被迫修法、立法的阶段，到近些年立足于自身发展的现实需求，进行主动、系统修法和升级的新阶段。可以自豪地说，中国知识产权法律的"四梁八柱"已经牢牢架起。❸ 在很短时间内，我国完成了很多国家几十年甚至是上百年才完成的立法任务，这些立法成就举世瞩目。在牢牢架起知识产权法律"四梁八柱"的同时，我国还在知识产权立法进程中坚持"守正"和"创新"齐头并进。例如，我国在《民法典》《商标法》《专利法》《著作权法》《种子法》中统一确立了侵权惩罚性赔偿制度。为正确实施知识产权惩罚性赔偿规则，依法惩处严重侵害知识产权行为，全面加强知识产权保护，最高人民法院还以前述立法为依据，于 2021 年 3 月 3 日发布了《最高人民法院关于审理侵害知识产权民事案件适用惩罚性赔偿的解释》。

---

❶ 最高人民法院民事判决书（2014）民三终字第 7 号。

❷ 彭飞. 知识产权立法：起步晚 成就大［EB/OL］.（2019-10-21）［2021-01-13］. http://www.farennews.com/fm/2019-10/21/content_8022300.html.

❸ 孝金波，赵晶. 马一德代表：中国知识产权法律的"四梁八柱"已经牢牢架起［EB/OL］.（2021-03-08）［2021-03-14］. http://lianghui.people.com.cn/2021npc/n1/2021/0308/c435267-32046031.html.

2020 年全国两会期间，最高人民法院副院长、知识产权法庭庭长罗东川提出建议，针对知识产权案件审理的特殊性及当前存在的主要问题，应抓紧制定知识产权诉讼特别审理法。种种迹象表明，域外历经一个半世纪形成的规制知识产权诉讼威胁的立法生态，我国有信心在较短时间内实现更优的制度设计。

第三，"避风港原则"可以作为立法规制知识产权侵权警告的重要参考依据。特别是"避风港原则"中关于通知和声明的内容要求、恶意通知和声明的惩罚性赔偿、通知发送方的"初步证据"门槛和免责规则，对于确定知识产权侵权警告的法律规范具有直接的借鉴意义。

第四，澳大利亚、英国在立法规制知识产权诉讼威胁方面起步较早，逐步积累了丰富的经验，并且近些年不断在立法进路和具体措施上推陈出新。这些国家经得住实践检验的立法经验对我国具有重要的借鉴意义，它们走过的弯路也对我国具有直接的警示作用。

2.2　我国知识产权侵权警告立法应聚焦的关键问题

在对我国相关法律现状和司法实践有了充分认识之后，需要弄清楚在立法中规制知识产权侵权警告方面应聚焦的关键问题。立法规制知识产权侵权警告是一个浩大的系统工程。这不仅是因为知识产权侵权警告同时涉及多类知识产权客体，在内容上牵涉知识产权、反不正当竞争和民事诉讼等领域，还需要考虑如何实现引导知识产权权利人正确利用侵权警告机制和有效遏制恶意警告的双重立法目标。为此，我国在探索立法规制知识产权侵权警告的过程中，需要重点解决立法进路这一宏观问题和八个具体措施问题。

2.2.1　立法规制知识产权侵权警告的进路

立法规制知识产权侵权警告的进路是指规制知识产权侵权警告立法的体

例。具体而言，指我国应采用何种方式来实现在立法中针对不同知识产权客体较为系统地解决侵权警告的规制问题。就目前来看，可供选择的模式有三种：专门立法模式、澳大利亚分散型立法规制模式和英国统一修订模式。

2.2.1.1 专门立法模式

所谓专门立法模式，是指为了在立法层面解决知识产权侵权警告问题，由最高立法机关量身定做一部专门法案，在专门法案中明确侵权警告的认定标准、恶意警告的救济渠道及救济方式、警告方保护等实体和程序规则的立法模式。

目前，尚未有任何国家采取这一立法体例：其一，制定一部全新法案的成本太高；其二，会产生如何协调新法案与已有知识产权法、反不正当竞争法及民事程序法之间关系的难题；其三，在一部法案中同时纳入规制专利、商标、著作权、集成电路布图设计等多类客体的措施，也必将是一个极大的挑战。

除了上述三个方面的原因外，英国法律委员会❶在解释放弃采取专门立法模式，而选择颁布《英国知识产权（恶意威胁）法案》这样一部统一修订法案的原因时，如是分析：❷

首先要解决的问题是，是否要沿着现在的路走下去，也就是将恶意诉讼威胁条款嵌入相关知识产权法案中。比如，目前专利方面的恶意诉讼威胁条款出现在 1977 年《专利法案》中，商标方面的相关条款包含在 1994 年《商标法案》中，而登记外观设计的相关条款则包含在 1949 年《登记外观设计法案》中。另一种方案是拟订一部专门法案，同时适用于专利、商标和外观设计。最终，我们决定沿用现有做法。当时的想法是，沿用现有做法对于那些不熟悉

---

❶ 英国法律委员会（Law Commission）系英国议会根据 1965 年《法律委员会法案》设立的独立机构，其职责是评估英格兰和威尔士的现行法律并提出改革建议。

❷ 英国法律委员会发布"《英国知识产权（恶意威胁）法案》草案"时的解释，具体见：https://assets.publishing.service.gov.uk/government/uploads/system/uploads/attachment_data/file/469935/Chapter_4_LC_Oct_report__Oct_15.pdf。

知识产权法和恶意诉讼威胁法的人来说更容易。而如果要制定一部新的专门法案，很可能这部专门法案会被这一群体忽略。对于那些熟悉本领域的人来说，延续现有做法也是有意义的。专利、商标和外观设计相关的法案，已经就与恶意诉讼威胁相关的权利提供了一揽子方案。我们并不想通过制定一部全新法案来扰乱这一秩序。因此，《英国知识产权（恶意威胁）法案（草案）》的条款将一些新内容嵌入至已有的知识产权法案中，以替换这些法案中的原有条款。

可见，在英国法律委员会看来，制定全新的专门法案还会带来一个难题，那就是新法案很难在短时间内为公众所接受和遵从。当然，这也是专门立法模式成本较高的一个具体体现。如果不选择制定一部全新的专门法案，而是修订已有制定法，则不仅可以规避如何与已有法案衔接的问题，而且修法的时间成本、经济成本和遵从成本也都相对较低，但仍旧会产生如何协调不同知识产权客体的规则问题。

从域外特别是英美法代表国家立法规制知识产权诉讼威胁的经验来看，不谋求制定新法，而是选择对已有知识产权法案进行修订以纳入规制诉讼威胁内容的具体路径有两个：传统的澳大利亚分散型立法规制模式和最新的英国统一修订模式。

2.2.1.2　澳大利亚分散型立法规制模式

澳大利亚立法规制知识产权诉讼威胁的模式是一种传统的分散型立法规制模式，具体做法是先从一部知识产权法案开始，尝试规制针对一类客体提起的诉讼威胁，在积累了足够的立法经验后，逐步推广到其他知识产权法案中去，然后再积累经验完善较早的立法。

目前，几乎所有关注知识产权侵权警告（诉讼威胁）的国家采取的都是澳大利亚分散型立法规制模式，代表国家还有爱尔兰、新西兰、马来西亚。英国在颁布 2017 年《英国知识产权（恶意威胁）法案》之前也是采用此种分散型立法模式。

分散型立法规制模式有着显著优点。它代表着一种稳中求进的方式，在部分知识产权法案中先试行一些规则，在取得积极效果后，总结经验进一步完善，并逐步推广到其他法案中，整个过程不会出现大的风险。事实上，对新问题尝试进行立法规制，往往都离不开这一模式。不过，虽然分散型立法规制模式是立法规制知识产权侵权警告（诉讼威胁）的初始和主流模式，但它的缺点也是非常明显的。

其一，单部法案修正进度缓慢，修正全部知识产权法案的战线往往太长。例如，《澳大利亚版权法案》的最后一次修订发生在 2006 年，距今已十几年之久。考虑到近乎所有知识产权法案都可能面临与《澳大利亚版权法案》相同的问题，可以想象在每一部知识产权法案中重复解决相同问题的成本是何等惊人。

其二，由于不同知识产权法案修正步伐不统一，免不了会出现不同知识产权法案就同一问题是否确立规制措施、规制措施不统一的情况。由于澳大利亚目前只有《澳大利亚植物品种培育者权利法案》和《澳大利亚外观设计法案》确立了恶意诉讼威胁的惩罚性赔偿规则，这意味着如果有人以专利权被侵犯为由恶意发出诉讼威胁，受损害方只能期待法院支持其补偿损失的主张，而无法期待法院对恶意诉讼威胁方进行惩罚，毕竟惩罚性赔偿规则在《澳大利亚专利法案》中是缺失的。在这一方面，问题更突出的是爱尔兰：一方面，爱尔兰只有 1996 年《爱尔兰商标法案》、1992 年《爱尔兰专利法案》和 2001 年《爱尔兰工业品外观设计法案》涉及恶意诉讼威胁，其他法案并没有相关内容，尤其是 2000 年《爱尔兰版权与相关权法案》完全无视恶意诉讼威胁的做法令人费解。❶ 另一方面，爱尔兰涉及恶意诉讼威胁的三部知识产权法案中的规则并不同步。例如，关于不可起诉的诉讼威胁类型，1992 年《爱尔兰专利法案》在修订后从一类扩大到两类，而其他知识产权法案因为没有跟进修订，依然只规定了一类不可起诉的诉讼威胁。

2.2.1.3　英国统一修订模式

确切地说，这里讨论的英国统一修订模式是指英国在 2017 年颁布《英国知识产权（恶意威胁）法案》之后所采取的立法模式。2017 年之前的英国模式与澳大利亚模式并无差异，都属于分散型立法规制模式。

---

❶ 可能原因是爱尔兰在立法上紧跟英国步伐，英国在版权法案中也没有关于恶意诉讼威胁的规则。

英国统一修订模式是规制知识产权诉讼威胁立法进路的最新尝试。英国既没有选择制定一部全新的专门法案，也放弃了对已有多部知识产权法案逐个进行修订的传统，而是由议会颁布一部法案对主要知识产权法案进行统一修订。具体而言，2017 年《英国知识产权（恶意威胁）法案》实现了对 1977 年《英国专利法案》、1988 年《英国版权、外观设计和专利法案》、1994 年《英国商标法案》和 1949 年《英国登记外观设计法案》的统一修订。该法案针对专利、商标和工业品外观设计确立了格式统一、内容协调的五个方面的条款。英国统一修订模式具有以下三个显著优点。

一是效率高，通过一次统一修订便可以完成采用分散型立法规制模式的国家几十年都无法完成的任务。英国统一修订的内容在 2017 年《英国知识产权（恶意威胁）法案》中是以一部完整法案的形式呈现，但具体修订内容又以不同的条款编号出现在被修订的具体知识产权法案中。例如，《英国知识产权（恶意威胁）法案》第一条为专利，其相关内容成了英国现行专利法（即 1977 年《英国专利法案》）的第七十条、第七十 A 条至第七十 F 条。

二是统一性可以得到充分的保障。《英国知识产权（恶意威胁）法案》在体例上是针对多部知识产权法案的统一修订，在内容和体例上，针对不同客体确立了统一规则，避免了分散型立法规制模式可能产生的针对不同客体规则不统一、成熟度差异化的后果，便于法官、专业服务提供者和普通民众接受和遵从。

三是去繁就简，进一步优化了规制措施。在颁布《英国知识产权（恶意威胁）法案》之前，英国在很多知识产权法案，尤其是在专利法案中，曾反复对同一个规则进行修订。事实上，这些法案修订的过程往往是增加内容的过程。例如，1977 年《英国专利法案》❶ 在根据《英国知识产权（恶意威胁）法案》修订前，第七十条"恶意诉讼威胁的救济"长达 575 个英文单词，不仅内容烦琐异常，且该条内部不同款、项之间的逻辑关系也非常隐晦。经过《英国知识产权（恶意威胁）法案》统一修订后，1977 年《英国专利法案》

---

❶　在《英国知识产权（恶意威胁）法案》颁布前，《英国专利法案》中的恶意诉讼威胁条款的最后一次修订发生在 2004 年。

中有关恶意诉讼威胁救济制度的内容缩减至 115 个英文单词，三种救济方式清晰明了，且与《英国版权、外观设计和专利法案》和《英国商标法案》中的救济规则完全相同。

在确定规制知识产权侵权警告的立法进路之后，我国需要重点解决以下实体性和程序性问题。

2.2.2 实体性问题

一是明确界定何谓"侵权警告"。前面提到，我国目前立法中并没有描述这一行为的统一表述，《最高人民法院关于审理侵犯专利权纠纷案件应用法律若干问题的解释》中使用了"警告"二字，但并未界定何谓"警告"。在《民法典》《电子商务法》《信息网络传播权保护条例》的"避风港原则"条款中，都使用了"通知"概念。

对"侵权警告"的界定首先是出于引导知识产权权利人正确运用侵权警告处理知识产权侵权纠纷的需要，其次是为了识别"恶意侵权警告"——恶意侵权警告是侵权警告的下位概念，没有侵权警告，自然也就不存在恶意侵权警告。在司法实践中，一份通知、公告甚至是律师函是否为侵权警告，往往是控辩双方争论的第一个焦点问题。前面提到，我国在处理确认不侵害知识产权诉讼时，由于没有明确的标准可供遵循，司法裁判人员对何谓"侵权警告"采取了非常开放的态度，从而存在认定标准不统一的现象。这也凸显出在立法中明确"侵权警告"内涵和外延的必要性。因此，需要从内容和目的两个维度入手，明确一份通告（如通知、公告或者律师函）同时包含哪些信息及出于何种目的，便可认定为侵权警告或者英美法代表国家立法中所称的诉讼威胁。

二是确立"恶意"侵权警告的认定标准，这样既为司法裁判人员提供统一的裁判依据，同时也可以对恶意发送侵权警告的知识产权权利人形成威慑。认定一项侵权警告是否具有恶意，是分辨侵权警告究竟是正当的自力维权行为还是侵权行为的关键所在。但这显然并非易事：一方面，判断行为人在实施特定行为时的心理状态从来都不是一件容易的事情；另一方面，由于获取不同类型知识产权的难易程度不同、不同知识产权客体的价值及利用方式也各不相同，需要区别对待。因此，特别需要注意区分对待不同类型的知识产权客体，尤其是要考虑到诸如实用新型专利、外观设计专利和未注册商标比较容易成为恶意发送警告的工具。与此同时，为了便于人民法院快速处理因侵权警告引发的诉讼纠纷，减少被警告人或利害关系人的举证压力，对于明显具有恶意的侵权警告，应考虑直接识别为"当然恶意的侵权警告"。对于当然恶意的侵权警告，人民法院可以直接应被警告人的请求提供救济。

三是鉴于侵权警告在查明和制止知识产权侵权方面的优势，需要明确知识产权权利人作为警告方免于承担责任的情形，以在一定程度上消除警告方的顾虑。侵权警告是非常重要的查明侵权事实、制止侵权行为的手段，研究人员和司法裁判人员对侵权警告的积极作用普遍予以肯定，而且侵权警告具有成本效益优势。因此，应鼓励知识产权权利人通过侵权警告与相对人协商解决纠纷。但是，如果给知识产权权利人发送侵权警告设定了过高的门槛，甚至是要求知识产权权利人必须要在完全确认存在侵权事实后才能发出侵权警告❶，那么警告方将面临巨大的法律风险，并且其利用侵权警告解决知识产权侵权纠纷的积极性也将受到打击。

四是救济渠道及具体救济措施，即被警告人与利害关系人如果认为侵权警告侵犯了其正当的权益，应当通过何种渠道来维护自身利益以及可以获得何种具体类型的保护措施。从我国目前的立法和司法实践来看，提起确认不侵害知识产权诉讼和商业诋毁不正当竞争诉讼是主要司法救济渠道，都属于事后救济，既不能充分补偿被警告人与利害关系人所遭受的损失，也无法震慑恶意警告方。为此，有必要另行开辟救济渠道，以弥补确认不侵害知识产权诉讼和商业诋毁不正当竞争诉讼这两种司法救济渠道存在的不足。

五是为知识产权专业服务提供者提供保护。在围绕知识产权侵权警告所

---

❶　如 *CQMS Pty Ltd v. Bradken Resources Pty Limited（2016）*案主审法官的主张及我国台湾地区《公平交易委员会对于事业发侵害著作权、商标权或专利权警告函案件之处理原则》第三条设定的发送侵权警告的门槛要求。

展开的"攻守杀伐"过程中，律师、专利代理师、商标代理人等专业服务提供者属于高危群体。[1]一方面，知识产权权利人常委托专业服务提供者向涉嫌侵权人或者利害关系人递送警告函、律师函，专业服务提供者也因此成为反恶意警告措施（如提起诉讼）针对的对象；另一方面，涉嫌侵权人也常采用起诉专业服务提供者的策略，离间专业服务提供者与作为委托方的知识产权权利人的关系，以达到拖延时间的效果。为专业服务提供者提供保护，目的在于给专业服务提供者吃定心丸，确保他们在提供专业服务时能够全身心投入，消除不必要的顾虑。专业服务提供者的加入，本身也有利于充分发挥侵权警告的工具价值，顺利解决纠纷，并减少因侵权警告引发诉讼的概率，进而有利于减轻人民法院审理案件的负担。

以上实体性问题是在立法规制知识产权侵权警告方面走在前列的国家所普遍面临和要解决的问题。不同国家对这些问题的答案有相似之处，也有一些差异。除了这些实体性问题，程序方面的创新，可以实现更好的规制效果，让侵权警告成为知识产权侵权纠纷解决的重要工具。

2.2.3 程序性问题

侵权警告本身涉及复杂的程序性问题。在规制知识产权侵权警告的立法中处理程序性问题主要是出于以下两个方面的考虑：一是要充分发挥侵权警告的工具价值，引导、鼓励甚至是要求知识产权权利人通过侵权警告处理知识产权侵权纠纷，尽量减少知识产权权利人发现侵权后动辄起诉的情况；二是对于恶意发送警告、侵犯被警告人或者利害关系人合法利益的行为，要能起到很好的约束和遏制效果。具体而言，应重点解决的程序性问题包括以下三个方面。

一是诉讼案由，即如果被警告人与利害关系人认为侵权警告行为给其带来了损失，并决定通过诉讼方式维权，那么被警告人与利害关系人应以什么

---

[1] 张小号，权彦敏. 恶意知识产权诉讼威胁立法规制之最简方案——评英国《知识产权（恶意威胁）法》[J]. 电子知识产权，2019（2）：73-80.

理由来起诉警告方。关于这一点，除了确认不侵害知识产权诉讼和商业诋毁不正当竞争诉讼外，并无其他直接依据。此外，相关研究人员对于恶意发送侵权警告的法律性质存在比较大的争议。

二是应否及如何将侵权警告设定为知识产权侵权诉讼前置程序的问题。英国、德国和澳大利亚分别通过民事程序规则、知识产权法案和民事程序一般法将侵权警告（诉讼威胁）设定为知识产权侵权诉讼的前置程序。对于我国而言，是否有必要借鉴前述三国的经验，要求知识产权权利人在提起侵权诉讼前必须先通过通知、公告或律师函等方式，给予对方协商解决纠纷的机会？如果有必要的话，随之而来的问题是如何具体落实侵权警告作为知识产权侵权诉讼前置程序的要求，防止该要求流于形式。

三是解决被警告人或者利害关系人在收到侵权警告后，不愿意与知识产权权利人积极协商解决纠纷，动辄到人民法院起诉警告方的问题。被警告人或者利害关系人的这一举动，不仅使得侵权警告作为知识产权侵权纠纷自力解决机制失去意义，还会引发更多的诉讼纠纷，与我国目前倡导的"把非诉讼纠纷解决机制挺在前面"的多元化纠纷化解机制建设思想相悖。在英国早期确立恶意知识产权诉讼威胁救济渠道时，就曾出现知识产权权利人刚一发出诉讼威胁，相对人就立刻到法院起诉的情况。由此导致的后果是，知识产权权利人宁可选择直接起诉，也不愿意冒发出诉讼威胁后被对方以恶意诉讼威胁为由起诉的风险。❶ 因此，如果立法只规定侵权警告作为提起知识产权侵权诉讼的前置程序，那么最终结果只可能是限制了知识产权权利人，而未能有效约束被警告人，未能平衡好两方当事人之间的利益关系。许多关于发送侵权警告的风险提示里明确指出，发送侵权警告可能会招致被警告人起诉的风险。❷

---

❶　The UK Law Commission. Patents，Trade Marks and Design Rights：Groundless Threats［EB/OL］．（2014-04-15）［2018-01-07］．https://assets.publishing.service.gov.uk/government/uploads/system/uploads/attachment_data/file/303523/39750_Cm_8851_web_accessible.pdf.

❷　瞿淼. 发送律师函和警告函的避险指南［EB/OL］．（2017-04-12）［2020-10-02］．https://www.kwm.com/cn/zh/insights/latest-thinking/safety-guidelines-for-sending-lawyer-s-letter-and-warning-letter.html.

2.3 我国知识产权侵权警告立法应处理好的几层关系

鉴于侵权警告问题本身的复杂性，同时鉴于我国目前在立法规制知识产权侵权警告方面没有过多直接的立法经验积累，在设计规范知识产权侵权警告的立法、解决前述程序性和实体性问题时，要特别注意处理好以下几层关系。

2.3.1 警告方与被警告人、利害关系人之间的关系

对于警告方而言，侵权警告是一种方便快捷的查明侵权事实、制止侵权行为的方式。但侵权警告发出后，必然会给被警告人与利害关系人正常的生产经营活动带来干扰，尤其是恶意侵权警告很可能会给被警告人与利害关系人带来不可挽回的损失。与此同时，对于被警告人与利害关系人而言，侵权警告有利于帮助他们认清自己所实施的生产、销售等行为存在的法律风险。被警告人或者利害关系人的确实施侵权行为的，那么非恶意的侵权警告显然也是比侵权诉讼更有利的纠纷化解方法。

因此，一方面要引导、鼓励甚至要求知识产权权利人在发现潜在的侵权行为后，通过通知、公告或律师函等方式处理侵权纠纷；另一方面，也要要求被警告人与利害关系人积极配合警告方通过侵权警告协商解决纠纷的努力，并确保被警告人在收到恶意警告后能够获得及时、充分的救济。

2.3.2 被警告人与利害关系人之间的关系

这里的利害关系人可以是指被警告人的产品分销商、客户、产品终端用户、合作伙伴等。[1] 在中外司法实践中，警告方有时候会同时向首要实施者

---

[1] 即后文所称的"从属实施者"。

与利害关系人发出侵权警告，而有的时候，特别是在无法查证直接侵权人的情况下，侵权警告有可能会被直接发送给利害关系人。为了维护交易的安全性，同时也为了便于查清侵权事实，根据我国现有的几部知识产权法案，产品分销商等利害关系人只要能够证明自己的产品有合法来源，则无须承担赔偿责任。● 此外，知识产权侵权案件持续时间长、技术难度大，作为合作对象或潜在客户的收函对象往往难以判断真实客观的情况，其决策容易受到此类函件的影响。● 因此，利害关系人往往会具有更强烈的避险意识。

基于这些因素的考虑，不难想象利害关系人很容易在接收到侵权警告后立刻妥协，并按侵权警告的要求采取将被指侵权的产品下架、不再采购或弃用等措施。如果侵权警告是恶意的，那么利害关系人的委曲求全不仅会给自己带来损失，也会给所谓的"直接侵权人"（产品提供者）带来巨大损失。因此，应当考虑在这种情况下如何同时保障被警告人与利害关系人的利益。此外，有的时候警告方可能明知直接侵权人是谁，但是为了夺取属于直接侵权人的客户，而选择向利害关系人发送侵权警告，逼迫利害关系人断绝与直接侵权人的业务联系。这种以夺取业务机会为目的的侵权警告具有明显的恶意。

2.3.3　知识产权权利人与专业服务提供者之间的关系

代表知识产权权利人发出侵权警告的专业服务提供者包括律师、专利代理师、商标代理人等。知识产权权利人和发出侵权警告的专业服务提供者之间存在委托代理关系。在实践中，以律师函为例，律师函是以律师事务所和律师的名义发出，而并不是以委托人的名义，尽管律师函一般会附

● 我国《专利法》第七十七条规定："为生产经营目的的使用、许诺销售或者销售不知道是未经专利权人许可而制造并售出的专利侵权产品，能证明该产品合法来源的，不承担赔偿责任。"我国《商标法》第六十四条第二款规定："销售不知道是侵犯注册商标专用权的商品，能证明该商品是自己合法取得并说明提供者的，不承担赔偿责任。"

● 北京知识产权法院民事判决书（2019）京 73 民终 3216 号。

上委托函。由于专业服务提供者是应知识产权权利人的请求而实际发出通知、公告和律师函的一方，因此实践中很容易成为高危群体。具体表现在接收者一旦认为通知、公告和律师函中包含了恶意的侵权警告，就会直接起诉发出者，或者是将起诉专业服务提供者作为一种诉讼策略。在这种情况下，需要考虑两个问题：一方面，如何保护专业服务提供者的安全，确保专业服务提供者在遵从法律规定和行业规范的前提下安全地提供专业服务；另一方面，鼓励专业服务提供者参与通过发送侵权警告的方式解决知识产权侵权纠纷。

2.3.4　知识产权审判机关与行政部门之间的关系

一项知识产权的获取门槛越低，知识产权权利人发送侵权警告的"积极性"就会越高，发生恶意警告的概率也就会越大。对于具有较高经济价值的知识产权，无论是自己实施还是将知识产权许可或转让给他人，往往都能为知识产权权利人带来可观的经济收益。因此，高质量的智力成果被用作恶意警告工具的概率相对较低。

我国《专利法》同时保护发明、实用新型和外观设计。对于发明专利申请，授权过程既有形式审查也有实质审查；但对于实用新型和外观设计专利申请而言，一般来说，经过形式审查符合要求的，都会被授予专利权。❶类似的做法还有澳大利亚创新专利的授权规则。❷对实用新型专利、外观设计专利和创新专利申请只进行形式审查并对通过形式审查的申请直

---

❶　我国《专利法》第四十条规定："实用新型和外观设计专利申请经初步审查没有发现驳回理由的，由国务院专利行政部门作出授予实用新型专利权或者外观设计专利权的决定，发给相应的专利证书，同时予以登记和公告。实用新型专利权和外观设计专利权自公告之日起生效。"

❷　根据1990年《澳大利亚专利法案》第六十二条"创新专利的授权与公告"，只要专利局接受了所提交的创新专利申请和完整的说明书，一般情况下专利局就必须授予创新专利并予以登记。

接授权，这一做法有明显的优点——授权过程周期较短、效率高 ❶，但仅以形式审查作为授权条件也有明显的缺陷——授予的知识产权质量普遍较差。为解决因为缺少实质审查程序而可能导致的专利质量较差的问题，我国《专利法》除了针对所有类型专利设置了无效宣告程序外，还专门为实用新型和外观设计专利设置了补充的实质审查程序。《专利法》第六十六条第二款规定：

> 专利侵权纠纷涉及实用新型专利或者外观设计专利的，人民法院或者管理专利工作的部门可以要求专利权人或者利害关系人出具由国务院专利行政部门对相关实用新型或者外观设计进行检索、分析和评价后作出的专利权评价报告，作为审理、处理专利侵权纠纷的证据；专利权人、利害关系人或者被控侵权人也可以主动出具专利权评价报告。

由于未经过实质审查的实用新型专利和外观设计专利容易成为恶意侵权警告的工具，因此可以考虑要求实用新型和外观设计专利权人在发出侵权警告之前向知识产权行政部门申请对相关的实用新型或者外观设计专利进行检索、分析和评价并出具专利权评价报告。这样，一方面会阻却很多意图将实用新型专利和外观设计专利作为恶意侵权警告工具者，直接减轻人民法院的受案压力；另一方面，专利行政部门出具的专利权评价报告也可以作为法院处理因侵权警告所引发的纠纷、判断警告方发送侵权警告时是否具有恶意的重要参考依据。这表明，协调好知识产权行政部门和审判机关之间的分工，在恶意侵权警告的认定等方面充分利用好知识产权行政部门确保授权质量方面的职能，是遏制恶意警告的有效途径。

---

❶　前面提到，澳大利亚的创新专利申请提出后一个月内便可获得授权，而标准专利的授权周期可能长达六个月至数年之久。在我国，发明专利的授权周期一般为二到三年，实用新型和外观设计专利的授权周期一般在半年左右。

2.4 小 结

总的来说，我国现有法律并未提供可以直接有效规制知识产权侵权警告的规则，在司法实践中，被警告人面临的确认不侵害知识产权诉讼和商业诋毁不正当竞争诉讼等司法救济渠道也存在各种各样的问题。我国应加快知识产权侵权警告机制的立法进度。为此，我国需要首先解决立法进路这一宏观问题及一些程序性和实体性问题。在此过程中，需要重点处理四层关系。现有法律所确立的指导原则及成熟的"避风港原则"，都可以提供非常重要的指导和借鉴。此外，借鉴域外立法规制知识产权侵权警告（诉讼威胁）的经验，也是加速我国相关立法进程、避免风险和弯路的重要举措。

第 3 章

立法规制知识产权侵权警告的域外经验

中共中央办公厅、国务院办公厅 2019 年 11 月印发的《关于强化知识产权保护的意见》提出，要进一步发挥知识产权制度激励创新的基本保障作用，并要求"建立国外知识产权法律修改变化动态跟踪机制"。借鉴域外立法规制知识产权侵权警告（诉讼威胁）的经验，有助于尽快在我国确立针对各主要知识产权客体的侵权警告立法规制方案。

侵权警告（诉讼威胁）是各国知识产权保护和利用过程中都曾普遍面临的问题，立法缺位是无法引导知识产权权利人正确利用侵权警告（诉讼威胁）并导致恶意侵权警告（诉讼威胁）层出不穷的制度原因。《巴黎公约》和许多国家国内法在规制知识产权侵权警告（诉讼威胁）方面作出了不懈探索，并取得了不俗的成绩，尤其以英国和澳大利亚比较具有代表性，这为其他国家提供了直接的经验借鉴。

3.1 《巴黎公约》反不正当竞争条款

《巴黎公约》缔结于 1883 年，1900 年修订时，《巴黎公约》第十条之后新增了第十条之二和第十条之三，内容如下。

第十条之二［不正当竞争］

（1）本联盟国家有义务对各该国国民保证给予制止不正当竞争的有效保护。

（2）凡在工商业事务中违反诚实习惯做法的竞争行为，构成不正当竞争行为。

（3）下列各项应特别予以制止：

（ⅰ）采用任何手段，与竞争者的营业场所、商品或工商业活动产生混淆的一切行为；

（ⅱ）在商业经营过程中，损害竞争者的企业、商品或工商业活动信誉的虚假指控；

（ⅲ）在商业经营过程中，使用会导致公众易于对商品性质、制造工艺、特点、用途或数量产生误解的表述或说法。

第十条之三〔商标、厂商名称、虚伪标记、不正当竞争：救济手段，起诉权利〕

（1）本联盟国家承诺，保证本联盟其他成员国的国民获得有效制止第九条、第十条和第十条之二所述一切行为的恰当的法律救济手段。

（2）本联盟成员国承诺确立规则措施，准许不违反其本国法律而存在的联合会和社团，代表有利害关系的工业家、生产者或商人，在其要求保护的国家法律允许该国联合会和社团提出控诉的范围内，为了制止第九条、第十条和第十条之二所述行为，向法院或行政机关提出控诉。

《巴黎公约》第十条之二和第十条之三要求联盟各成员国采取有效措施，打击不正当竞争行为，并将"不正当竞争行为"定义为"工商业事务中违反诚实习惯做法的竞争行为"。为进一步明晰该词语的含义，《巴黎公约》第十条之二第三款列举了三项具体的行为。其中，第二项是"在商业经营过程中，损害竞争者的企业、商品或工商业活动信誉的虚假指控"。从措辞来看，只要虚假指控损害了竞争者的企业、商品或工商业活动的信誉，便属于应予以禁止的不正当竞争行为，即使虚假指控方并无伤害的故意。❶很明显，恶意侵权警告（诉讼威胁）中有关相对人涉嫌侵犯知识产权的虚假指控，会损害竞争对手与利害关系人的企业、商品或工商业活动的信誉，因此应当属于

---

❶ BODENHAUSEN G H C. Guide to the Application of the Paris Convention for the Protection of Industrial Property〔M〕. London: William Clowes（International）Ltd., 1968: 138-139.

第十条之二所称之不正当竞争行为。

不仅如此，《巴黎公约》第十条之三还要求联盟各成员国保证联盟其他国家的国民获得有效制止第十条之二所述一切行为的适当的法律救济手段，承诺准许联合会和社团为制止第十条之二所述行为，向法院或行政机关提出控诉。根据《保护工业产权巴黎公约实施指南》，无论是保障其他成员国国民的法律救济手段，还是允诺确立相关联合会和社团向法院或行政机关提出控诉的规则措施，都是指联盟成员国在国内立法上的作为。❶因此，联盟成员国在国内法中规制知识产权侵权警告（诉讼威胁），是在切实履行《巴黎公约》施加给联盟成员国的义务。

不过，《巴黎公约》对知识产权侵权警告（诉讼威胁）的规范偏原则性，只是将损害竞争者企业、商品或工商业活动信誉的虚假指控定性为"不正当竞争行为"，要求成员国承诺在立法中确立规则以提供恰当的救济方式，并允许相关主体向法院或行政机关提出控诉。这导致成员国在执行《巴黎公约》设定的反不正当竞争义务时存在很大差异性。与此同时，由于反不正当竞争法在应对知识产权侵权警告（诉讼威胁）方面固有的局限性，一些国家（特别是英美法代表国家）另辟蹊径，尝试在知识产权法案中量身定做应对侵权警告（诉讼威胁）的措施，并辅以民事程序规则，强化知识产权法案规制侵权警告（诉讼威胁）的效果。

3.2　域外知识产权侵权警告立法概览

《巴黎公约》第十条之二和第十条之三偏原则性规定，加之知识产权侵权警告（诉讼威胁）问题本身的复杂性，并且各国对立法规制该问题的重视程度各不相同，导致代表性国家和地区规制该行为立法的成熟程度也不相同，可以分为三个梯队。

---

❶　BODENHAUSEN G H C. Guide to the Application of the Paris Convention for the Protection of Industrial Property[M]. London：William Clowes（International）Ltd.，1968：12.

澳大利亚和英国位列第一梯队，具有以下六个显著表现。

一是长期密切关注知识产权诉讼威胁。早在 1883 年，鉴于普通法中的侵权规则在应对恶意利用知识产权行为方面的不足，英国率先在制定法中规制知识产权诉讼威胁，成为最早在制定法中规制知识产权诉讼威胁的国家。❶不仅如此，英国还持续通过修法完善制定法中的知识产权诉讼威胁条款。以 1977 年《英国专利法案》为例，该法案在 1991 年修订后，第七十条"恶意诉讼威胁程序的救济"共设计了五款内容，分别是：诉讼威胁的描述性概念、诉讼威胁方免责条件、恶意诉讼威胁受害人的救济方式、针对首要实施者发出的诉讼威胁不可起诉及通告一项权利存在不属于诉讼威胁。该法案于 2004 年修订时，第七十条增加了部分内容，并进行了技术性完善。根据新增的第二 A 款，如果被告（诉讼威胁方）能证明其诉讼威胁针对的行为构成专利侵权，或一旦实施将构成专利侵权，那么原告（相对人）只有能够证明被宣称侵犯的专利权因某种原因无效，才有机会获得救济。在技术性完善方面，2004 年修订后的该法案第七十条第四款将不可起诉的诉讼威胁细分为两类：①针对特定行为的诉讼威胁不可起诉；②针对特定相对人的诉讼威胁不可起诉。澳大利亚最早规制诉讼威胁的知识产权法案是 1968 年《澳大利亚版权法案》，该法案第二百零二条"关于版权侵权的恶意诉讼威胁"经历过四次修订。

二是在主要知识产权法案中明确回应了诉讼威胁。英国和澳大利亚分别从专利法案和版权法案入手，初步探索规制诉讼威胁的经验，继而逐步推广至其他知识产权法案。到目前为止，澳大利亚明确规制诉讼威胁的知识产权法案有 1968 年《澳大利亚版权法案》、1990 年《澳大利亚专利法案》、1995 年《澳大利亚商标法案》、2003 年《澳大利亚外观设计法案》、1994 年《澳大利亚植物品种培育者权利法案》和 1989 年《澳大利亚集成电路布图设计法案》。英国除版权法案外，主要知识产权法案也均确立了诉讼威胁规则。

---

❶ 作为对 *Halsey v Brotherhood*（1881）案的回应，该案具体分析见 3.3.2.1。

三是内容系统、操作性较强。《英国知识产权（恶意威胁）法案》针对不同客体统一规定了五个部分内容：诉讼威胁的定义、不可起诉的诉讼威胁、允许的通告、恶意诉讼威胁的救济渠道与救济措施、诉讼威胁方抗辩事由及专业服务提供者免责规则。这些内容形成了一个稳定的生态，不仅可以引导知识产权权利人正确利用诉讼威胁这一自力纠纷解决机制，还为恶意诉讼威胁的受害人提供了充分的救济，并遵循利益平衡原则，妥善处理了诉讼威胁方、相对人与利害关系人、专业服务提供者三者间的利益关系。再以澳大利亚为例，作为澳大利亚最早规制诉讼威胁的知识产权法案，1968 年《澳大利亚版权法案》第二百零二条设计了以下内容：第一款为恶意诉讼威胁的救济渠道和救济方式，第二款区分了"诉讼威胁"与"权利告知声明"，第三款明确了专业服务提供者免责情形与条件，第四款规定了相对人以恶意诉讼威胁为由到法院起诉后，诉讼威胁方可以反诉相对人侵权。上述四款内容同样具有很强的实践性。

四是在规制知识产权诉讼威胁的立法进路和具体措施上不断创新。在立法进路上，鉴于分散型立法模式存在先天不足，2017 年 4 月，英国颁布了《英国知识产权（恶意威胁）法案》，对《英国专利法案》《英国版权、外观设计和专利法案》《英国商标法案》等多部知识产权法案进行统一修订，一次性覆盖了专利、外观设计和商标等客体。在具体措施方面，澳大利亚立法先后确立了惩罚性赔偿、区分对待智力成果和行政程序先行等原则。

五是规制知识产权诉讼威胁的具体措施趋于统一。例如，英国和澳大利亚关于恶意诉讼威胁的救济措施基本一致，都包含禁令、关于诉讼威胁不具有正当性的宣告和损害赔偿三项。

六是民事程序规则与知识产权法案相互配合，使得诉前通过诉讼威胁协商解决知识产权侵权纠纷成为半强制性要求，强化了这一自力纠纷解决机制应对知识产权侵权纠纷的地位。《澳大利亚民事纠纷解决法案》要求提起民事诉讼的一方当事人在起诉时提交一份"真诚措施声明"（genuine steps statement），将诉讼威胁设定为知识产权侵权诉讼前置程序的规则。

第二梯队代表国家有新西兰、爱尔兰和马来西亚。第二梯队国家已认识到恶意诉讼威胁可能带来的破坏性后果，并从部分知识产权法案开始探索规制恶意诉讼威胁的措施。但由于起步较晚、认识不充分，针对不同知识产权客体的立法措施没有做到齐头并进，具体表现在以下两个方面。

第一，只有部分知识产权法案对诉讼威胁进行了回应。新西兰主要知识产权法案中，只有 1994 年《新西兰版权法案》和 1953 年《新西兰外观设计法案》对恶意诉讼威胁进行了明确规制。相比之下，2002 年《新西兰商标法案》和 1994 年《新西兰集成电路布图设计法案》虽有恶意诉讼条款，但缺乏对恶意诉讼威胁的关注。其他知识产权法案均对恶意利用知识产权行为保持了沉默。爱尔兰的 1996 年《爱尔兰商标法案》、1992 年《爱尔兰专利法案》和 2001 年《爱尔兰工业品外观设计法案》关注了诉讼威胁，但 1980 年《爱尔兰植物新品种（专有权利）法案》和 2000 年《爱尔兰版权与相关权法案》中却不见诉讼威胁的条款。马来西亚 2019 年 11 月颁布的《马来西亚商标法案》是该国目前唯一一部引入诉讼威胁概念的制定法。

第二，一些规制措施只在部分知识产权法案中得到了落实。例如，1992年《爱尔兰专利法案》第五十三条第三款的内容为诉讼威胁不可起诉的情形，包括：①针对制造、进口专利产品或使用专利方法等行为发出的诉讼威胁；②针对制造、进口专利产品或使用专利方法者实施的其他与产品或方法专利相关的任何行为（如"许诺销售"）发出的诉讼威胁。但爱尔兰另外两部涉及诉讼威胁的知识产权法案只规定了第一类不可起诉的类型。

加拿大以及包括德国、瑞士在内的大部分传统大陆法系国家位列第三梯队。

这些国家未充分认识到恶意知识产权诉讼威胁的破坏性，没有就该问题单独进行立法规制，而是交由一般的侵权法、反不正当竞争法和民事程序法应对，针对性较弱。例如，根据 1985 年《加拿大商标与不正当竞争法案》(以下简称《加拿大商标法案》)❶ 第七条 (a) 款, 任何人不得作出旨在破坏竞争对手商誉、产品或服务的虚假或误导性陈述。显然, 这是对《巴黎公约》第十条之二的直接回应。1985 年《加拿大商标法案》未使用"诉讼威胁"或类似表述, 更未像英国、澳大利亚那样系统地确立规制知识产权诉讼威胁的具体规则。此外, 加拿大的其他知识产权法案未有任何内容涉及诉讼威胁。

传统大陆法系国家应对这一问题的立法现状普遍与加拿大相似。德国仅在《德国著作权与相关权法》第九十七 A 条 (2013 年 10 月修订时新加) 规定了著作权人起诉侵权前的"警告"义务。在瑞士, 恶意发送侵权警告被认为是一种商业诋毁行为, 被警告人可以依据反不正当竞争法追究恶意警告方的责任。

总的来说, 位列第三梯队的国家对于通过一般的侵权法、反不正当竞争法和民事程序法来规制知识产权侵权警告 (诉讼威胁) 的方式表现得过于自信, 似乎满足于在最低限度内执行《巴黎公约》中的义务。

从立法规制知识产权侵权警告 (诉讼威胁) 的效果来看, 第一梯队优于第二和第三梯队; 从规制知识产权侵权警告 (诉讼威胁) 立法的历史演进来看, 从第三梯队到第二梯队再到第一梯队, 显示了目前代表性国家本领域立法发展的方向。当然, 这并不意味着每个国家在立法规制知识产权侵权警告 (诉讼威胁) 问题时都必然要依次经历这样的发展历程。第二梯队和第三梯队国家的立法现状对于我国而言主要是认清问题、评估风险和避免走弯路的一面镜子, 而第一梯队国家的守正与出新则可以为我国立法处理相同问题提供直接的借鉴。

有鉴于此, 以下分别对三个梯队代表国家规制知识产权侵权警告 (诉讼威胁) 的立法进路和具体措施进行历史考察和横向对比。

---

❶ *An Act Relating to Trademarks and Unfair Competition*, Short title: *Trademarks Act*, 最后修订时间为 2019 年 6 月 18 日, 法案全文见: https://laws-lois.justice.gc.ca/eng/acts/t-13/FullText. html.

3.3　立法规制知识产权侵权警告之第一梯队

3.3.1　澳大利亚

澳大利亚虽然是英美法系成员，但却是最重视通过制定法规制知识产权诉讼威胁的国家。与颁布《英国知识产权（恶意威胁）法案》前的英国一样，澳大利亚规制知识产权诉讼威胁的立法措施散见在多部知识产权法案中，而且包含诉讼威胁条款的知识产权法案在数量上比英国还要多。但逊色于英国的是，澳大利亚从未考虑协调统一各知识产权法案中的诉讼威胁条款。因此，澳大利亚几部知识产权法案中的诉讼威胁条款虽有共性，但不可避免地存在差异。澳大利亚联邦议会颁布的七部法案中包含了详细的诉讼威胁条款，其中包括六部知识产权法案和一部民事程序法案。

3.3.1.1　1968 年《澳大利亚版权法案》●

1968 年《澳大利亚版权法案》是澳大利亚最早规制诉讼威胁的知识产权法案，该法案第二百零二条名为"关于版权侵权的恶意诉讼威胁"，曾进行过四次修订。考虑到第二百零二条的最后一次修订发生在十几年前，不难想象，1968 年《澳大利亚版权法案》诉讼威胁条款的整体表现只能称得上"中规中矩"。第二百零二条共有五款，第一款规定：

> 如果有人通过通知函、公告或其他方式，威胁就版权侵权启动程序或提起诉讼，无论诉讼威胁方是否为版权人或独占被许可人，受损害方均可以起诉前述诉讼威胁方，并可以获得以下救济措施：关于诉讼威胁为恶意诉讼威胁的宣告，禁止再次发出诉讼威胁的禁

● *Copyright Act 1968*，1969 年 5 月 1 日生效，法案全文见：https://www.legislation.gov.au/Details/C2019C00042。

令，以及因恶意诉讼威胁遭受损失（如果有）的赔偿。但所述诉讼威胁方能向法院证明其诉讼威胁针对的行为侵犯（或一旦实施将侵犯）版权的，不承担责任。

该款首先就"诉讼威胁"给出了一个描述性定义，即有人通过寄送通知函或发布公告（circulars，advertisements or otherwise）等方式，威胁提起版权侵权诉讼或类似程序；紧接着明确了受损害方维权的路径——到法院起诉诉讼威胁方；然后该款确立了三种救济方式；在最后指出了诉讼威胁方免责的正当性抗辩——诉讼威胁方能向法院证明其针对的行为侵犯了（或一旦实施将侵犯）版权的，不承担责任。上述四项内容贯穿了澳大利亚所有涉及诉讼威胁的知识产权法案。作为澳大利亚最早规制诉讼威胁的知识产权法案，《澳大利亚版权法案》为立法规制诉讼威胁铺垫了框架基础。

第二百零二条第二款区分了"诉讼威胁"与"版权告知声明"（mere notification of the existence of a copyright）——如果仅仅是告知对方存在一项版权，该权利告知声明不属于诉讼威胁。区分"诉讼威胁"与"权利告知声明"是处理因所谓的"诉讼威胁"引发诉讼纠纷的第一步——如果只是告知对方自己拥有某项权利，则可能并无警告威胁之意，更谈不上恶意诉讼威胁。不过，和澳大利亚其他知识产权法案一样，《澳大利亚版权法案》并未进一步明确何谓"权利告知声明"。因此，"诉讼威胁"与"权利告知声明"之间的边界十分模糊。

专业服务提供者虽然是高危群体，但专业服务提供者参与以诉讼威胁方式解决纠纷的过程，有利于提高纠纷解决的效率和概率，并减少因诉讼威胁引发诉讼纠纷的可能性。为了给专业服务提供者吃定心丸，确保他们在提供专业服务时能够全身心投入，并规范知识产权服务业，第二百零二条第三款规定：

联邦高等法院、各州和领地最高法院❶的律师❷，以专业服务提供者身份、代表当事人实施本条行为的，无须根据本条承担责任。

英国"专业服务提供者"的范围较广且统一。❸ 与之不同的是，澳大利亚知识产权法案从未统一过"专业服务提供者"这一表述，对应的术语本身各不相同，外延差异也很大。例如，《澳大利亚版权法案》将受保护的专业服务提供者限制为两类律师群体。导致这些差异的根源在于，澳大利亚是在不同时期的不同知识产权法案中分散描述专业服务提供者群体的，英国则是在一部法案中统一予以界定。不过，与英国直到 2017 年才确立专业服务提供者保护的规则相比，澳大利亚为专业服务提供者提供保护的时间要早得多。

通过寄送通知函或发布公告的方式处理知识产权侵权纠纷具备显著优势，因此成为许多知识产权权利人发现疑似侵权行为时首选的应对措施。❹ 而一旦诉讼威胁未达到预期效果，部分知识产权权利人会选择起诉疑似侵权人。由于《澳大利亚版权法案》已赋予相对人通过诉讼维权的渠道并提供三种救济方式，因此会出现诉讼威胁方和相对人同时或相继到法院起诉的情况。为节约司法资源、提高纠纷解决效率，《澳大利亚版权法案》第二百零二条第四款规定，相对人到法院起诉后，诉讼威胁方可以反诉相对人版权侵权。该款还进一步明确了此等反诉可以参照适用《澳大利亚版权法案》中关

---

❶ 澳大利亚是联邦制国家，共有六个州（State）和两个领地（Territory）。与美国有一定相似性，澳大利亚的司法体系分为联邦层面和州与领地层面。有关澳大利亚法院体系，详见：https://www.hierarchystructure.com/australian-court-hierarchy/。

❷ 1968 年《澳大利亚版权法案》第二百零二条第三款使用的表述是"barrister or solicitor"。英美法国家的"barrister"一般译为"出庭律师"，他们取得了诸如伦敦律师学院法官资格，是被授予出席高等法院出庭辩护权、从事审讯诉讼的抗辩案件的大律师，但不得代理破产案件，不得兼职，也不得经商；"solicitor"一般译为"事务律师"，只处理非诉案件。参见：彭金瑞. 简明实用英汉法律大词典［M］. 北京：中国法制出版社，2017：102.

❸ 根据《英国知识产权（恶意威胁）法案》，"专业服务提供者"是指以专业身份提供服务的律师、商标代理人或专利代理师及代替他们承担责任者。

❹ 事实上，2011 年《澳大利亚民事纠纷解决法案》第四条已将诉讼威胁提升至知识产权侵权诉讼前置程序的地位，具体分析见后文。

于侵权诉讼的条款。

之所以说《澳大利亚版权法案》诉讼威胁条款的表现"中规中矩",一方面是因为上述四款内容构成了澳大利亚所有涉及诉讼威胁的知识产权法案的基础性内容。例如,恶意诉讼威胁的救济方式在各知识产权法案中的表述完全相同。另一方面是因为它未体现其他知识产权法案诉讼威胁条款最新修订的亮点,如在特定情况下惩罚恶意诉讼威胁方,而不仅仅是提供损失赔偿。

3.3.1.2 1990 年《澳大利亚专利法案》

1990 年《澳大利亚专利法案》虽然并非澳大利亚最早规制诉讼威胁的知识产权法案,但却是截至 2022 年该国关于这一立法主题内容最完整的法案。一个有说服力的线索是《澳大利亚专利法案》第三节的标题为"恶意诉讼威胁",共设计了六条内容(第一百二十八条至第一百三十二条,含第一百二十九 A 条)规制与专利有关的诉讼威胁。在实践中,与专利相关的恶意诉讼威胁发生频率最高,规制的呼声也最高。《澳大利亚专利法案》第三节大部分内容于 2000 年进行了最新一次的修订。

《澳大利亚专利法案》第一百二十八条第一款内容与《澳大利亚版权法案》第二百零二条第一款无异,先是描述了何谓"诉讼威胁",紧接着明确了三种救济方式;第二款明确了恶意诉讼威胁受损害方可以起诉的对象——无论诉讼威胁方是否对一件专利或一件专利申请享有某种权利或利益。

澳大利亚的专利分类与众不同,《澳大利亚专利法案》将专利分为"标准专利"(standard patent)和"创新专利"(innovation patent)❷两大类。此外,澳大利亚还通过 2003 年《澳大利亚外观设计法案》保护外观设计。标准专利与我国的发明专利基本等同,需要同时满足新颖性、实用性和创造性标准才能获得授权,保护期一般为二十年(药品专利保护期可长达二十五

---

❶ *Patents Act 1990*,1991 年 4 月 30 日生效,法案全文见:https://www.legislation.gov.au/Details/C2017C00045。

❷ 在我国的一些文献中,"innovation patent" 也被翻译为"革新专利"。

年）。创新专利与我国的实用新型专利有诸多相似之处，如授权门槛低❶、保护期较短❷、采用形式审查制和补充的实质审查制❸。与我国的实用新型专利只保护产品所不同的是，澳大利亚的创新专利也可以保护方法。此外，从专利申请数量和授权数量的类型分布来看，创新专利在澳大利亚的地位只能算是配角，这与实用新型在我国的地位迥然不同。❹

《澳大利亚专利法案》第一百二十九条（2000 年修正）和第一百二十九A 条（2000 年新增）分别规定了与标准专利和创新专利相关的恶意诉讼威胁。《澳大利亚专利法案》第一百二十九条规定，恶意诉讼威胁受损害方到法院请求救济的，法院可以提供三种救济方式，与《澳大利亚版权法案》完

---

❶ 在授权条件的表述上，1990 年《澳大利亚专利法案》第十八条第一款（针对标准专利）和第一 A 款（针对创新专利）将请求保护的技术方案同现有技术相比的进步分别表述为"inventive step"（创造性）和"innovative step"（创新性）。"创新性"类似于我国《专利法》为实用新型确立的"实质性特点和进步"标准。

❷ 根据 1990 年《澳大利亚专利法案》，创新专利的保护期为八年，自申请日起算。

❸ 即只有经专利权人或第三人提出申请，或由专利局局长视情况需要（1990 年《澳大利亚专利法案》第一百〇一 A 条），才会对创新专利补充进行实质审查。根据第一百〇一 B 条第二款，审查要点共有九项，包括法案第十八条第一 A 款所列的创新性等要求。经审查符合创新专利授权条件的，将进行公告并颁发"审查证书"（certificate of examination）。该证书类似于我国《专利法》中评价实用新型专利和外观设计专利质量的"专利权评价报告"。

❹ 根据《2020 年国家知识产权局年报》，2020 年，国家知识产权局受理的各类专利申请总量为 519.4 万件。其中，发明专利申请 149.7 万件，占申请总量的 28.8%；实用新型专利申请 292.7 万件，占申请总量的 56.4%；发明专利申请量与实用新型专利申请量的比值大约为 1∶2，官方数据来源：国家知识产权局. 2020 年国家知识产权局年报［EB/OL］.（2021-04-27）［2021-09-01］. https://www.cnipa.gov.cn/col/col2616/index.html. 同年，澳大利亚知识产权局共受理 29 293 件标准专利申请和 4586 件创新专利申请，标准专利申请量与创新专利申请量的比值为 6.4∶1，官方数据来源：IP Australia. Australian Intellectual Property Report 2021［EB/OL］.（2021-04-29）［2021-08-19］. https://www.ipaustralia.gov.au/ip-report-2021/chapter-2-patents. 澳大利亚政府目前正着手推动创新专利退出历史舞台：一方面，已受理的创新专利申请授权进展缓慢；另一方面，允许申请人提交创新专利申请的最迟日期是 2021 年 8 月 25 日，之后不再受理此类申请。已授权的创新专利继续有效至效力终止，这意味着大约在 2029 年年底，创新专利将从澳大利亚彻底消失。有关澳大利亚政府对待创新专利的最新态度，参见：IP Australia. Phase out of the Innovation Patent［EB/OL］.（2021-08-09）［2021-08-31］. https://www.ipaustralia.gov.au/patents/applying-patent/innovation-patent-application-process/phase-out-innovation-patent.

全相同。但诉讼威胁方能证明其诉讼威胁针对的行为侵犯了（或一旦实施将侵犯）一项有效专利或专利申请人临时保护期内的权利的［第一百二十九条（b）项］，将不承担任何责任。与英国不同的是，澳大利亚明确了专利申请公开后至授权前这一段临时保护期内专利权人通过诉讼威胁解决纠纷且受保护的权利。

就诉讼威胁而言，创新专利与标准专利的区别主要有两点：一是创新专利授权门槛低，二是创新专利授权周期短。❶这两项区别意味着，创新专利即便是已获得授权，其中的技术方案也并未经过实质审查程序的检验，专利本身的经济价值不高，易成为发动恶意诉讼威胁和恶意诉讼的工具。

有鉴于此，《澳大利亚专利法案》第一百二十九 A 条规定，以下情形的"诉讼威胁总是不具有正当性"：①申请人已提出创新专利申请，但尚未获得授权的；②创新专利已获得授权，但专利权人尚未请求专利局对创新专利技术方案进行实质审查的。在以上情形下，创新专利申请人或专利权人通过通告函、公告或其他方式发出诉讼威胁的，将一律被法院直接定性为恶意诉讼威胁［第一百二十九 A 条第一款（a）项］。根据《澳大利亚专利法案》第一百二十九 A 条第二款的规定，法院将应受害人的请求直接予以救济。

"当然恶意的诉讼威胁"规则极具实践价值，它不仅大幅简化了恶意诉讼威胁相对人和法院处理此类案件的程序，而且对于知识产权权利人来说也是一种威慑。创新专利一旦经由专利局应申请或依职权补充进行实质审查，将变成"经审查的创新专利"（certified innovation patent），并于《澳大利亚专利公报》❷上公告，专利权人将获得审查证书。《澳大利亚专利法案》将经审查的创新专利与标准专利等同视之——根据该法案第一百二十九 A 条第三

---

❶　一般来说，创新专利申请提出后一个月之内便可获得授权，相比之下，标准专利的授权周期可能长达六个月至数年之久。相关官方数据见：IP Australia. Types of Patents［EB/OL］.（2021-08-26）［2021-08-31］. https://www.ipaustralia.gov.au/patents/understanding-patents/types-patents.

❷　《澳大利亚专利公报》（*Australian Official Journal of Patents*）官方网站是：https://www.ipaustralia.gov.au/tools-resources/patent-journals。

款的规定，经过实质审查的创新专利权人能证明相对人的行为侵犯了（或一旦实施将侵犯）其创新专利权的，作为诉讼威胁方的创新专利权人无须承担责任。这说明，此时的创新专利权人获得了正当性抗辩。

可见，对于创新专利而言，补充的实质审查程序解决了创新专利因授权门槛低、周期短而易成为恶意诉讼威胁工具的问题。此外，无论是创新专利权人主动启动实质审查程序，还是创新专利权人的竞争对手启动实质审查程序，创新专利权人都需要支付不菲的请求费。● 而创新专利权人同意支付请求费，间接表明了创新专利权人对专利质量的信心。

与《澳大利亚版权法案》第二百零二条第四款一样，《澳大利亚专利法案》第一百三十条解决的是程序问题：相对人到法院起诉后，诉讼威胁方可以以专利侵权为由反诉相对人（第一百三十条第一款）；第一百三十条第二款更是明确了诉讼威胁方反诉相对人侵权的，相对人可以在同一程序里提出撤销专利申请，无须再另行提出申请。

《澳大利亚专利法案》第一百三十一条和第一百三十二条与《澳大利亚版权法案》第二百零二条第二款和第三款一样，分别规定了告知对方存在一项专利权并不构成诉讼威胁及专业服务提供者●代表客户发出诉讼威胁时受保护。《澳大利亚专利法案》同样仅使用了"告知存在一项专利权的声明"（notification of the existence of a patent）这一表述，未对不构成诉讼威胁的权利告知声明从内容构成和目的的角度进行分解。

● 澳大利亚创新专利的实质审查请求费收费标准比较特别：根据 2022 年澳大利亚知识产权局执行的标准，如果是创新专利权人本人提出实质审查请求的，收费标准为 500 澳元，约合 2489 元人民币，与我国目前专利权评价报告请求费大致相当；如果是由竞争对手提出实质审查请求的，则 500 澳元实质审查费用由竞争对手和创新专利权人各负担一半。创新专利权人拒绝负担实质审查费用的，将导致创新专利权立刻提前终止。具体见：IP Australia. Patent Time and Costs［EB/OL］.（2022-02-03）[2022-06-03]．https://www.ipaustralia.gov.au/patents/understanding-patents/time-and-costs.

● 《澳大利亚版权法案》第二百零二条第三款条所用的表述是"律师"（barrister or solicitor），包括出庭律师和事务律师；《澳大利亚专利法案》的表述是"律师或注册专利代理师"（legal practitioner or a registered patent attorney）。

3.3.1.3　1995 年《澳大利亚商标法案》❶

1995 年《澳大利亚商标法案》与《澳大利亚版权法案》均使用了 "groundless threat" 的概念，而《澳大利亚专利法案》则使用了 "unjustified threat" 的表述。虽然这两个术语并无本质差异，但核心术语表述上的混乱，反映出分散型立法规制模式存在的固有缺陷。

《澳大利亚商标法案》第十二节"商标侵权"最后的第一百二十九条和第一百三十条涉及恶意诉讼威胁。

第一百二十九条于 1998 年修订，共有六款内容。第一款明确了恶意诉讼威胁受损害方起诉诉讼威胁方的权利，管辖法院可以是第一百九十条规定的"指定法院"（包括联邦法院、联邦巡回法院、各州和领地最高法院及诺福克岛最高法院），也可以是任何其他有管辖权的法院。这表明，虽然根据《澳大利亚商标法案》第一百九十条商标侵权诉讼由专属法院管辖，但因商标恶意诉讼威胁引发的诉讼并不受此管辖权限制，既可以在专属管辖商标侵权纠纷的法院起诉，也可以在普通民事法院起诉，其背后的原因是澳大利亚立法者将恶意诉讼威胁定性为一种区别于商标侵权的侵权行为。

第二款规定了三种救济方式，与《澳大利亚版权法案》《澳大利亚专利法案》并无本质区别，只是在表述上略有差异。❷

第三款规定，无论被告是否是诉讼威胁所称被侵权商标的注册人或授权用户，受损害方均可以起诉。

第四款规定，如果商标为注册商标，并且相对人的行为构成了商标侵权，则法院不会支持相对人要求诉讼威胁方赔偿损失的主张。第四款有两点值得关注：第一，必须是"注册"商标；第二，在诉讼威胁方的正当性抗辩表述上并未提及"一旦实施将侵犯商标权"，这一点不同于《澳大利亚版权

---

❶ *Trade Marks Act 1995*，1996 年 1 月 1 日生效，法案全文见：https://www.legislation. gov.au/Details/C2017C00046。

❷ 例如，在 1995 年《澳大利亚商标法案》中，第一项救济方式被表述为"关于被告无正当理由发出诉讼威胁的宣告"（a declaration that the defendant has no grounds for making the threat）。

法案》和《澳大利亚专利法案》。之所以未提及"一旦实施将侵犯商标权"这一诉讼威胁方的免责情形，主要是因为立法修订不同步，毕竟《澳大利亚商标法案》第一百二十九条的最近一次修订发生在二十多年前。而之所以必须是"注册"商标，则是因为澳大利亚和很多国家一样，对注册商标的保护水平显著高于未注册商标。

第五款特别规定，一旦商标注册人或有权起诉侵权的被许可人（如独占被许可人）经过审慎调查后，已经启动针对相对人的商标侵权诉讼，那么相对人不得到法院起诉，或（已起诉的）起诉将终止。这一限制是为了节约宝贵的司法资源——法院对商标侵权诉讼的裁判结果足以为相对人提供公正的结果。

第六款规定了专业服务提供者的免责情形，这与《澳大利亚版权法案》和《澳大利亚专利法案》的规则在本质上无异，但依然反映出表述上相对混乱的局面。《澳大利亚商标法案》将专业服务提供者表述为"律师、注册商标代理人或专利代理师"（lawyer, registered trade marks attorney or patent attorney）。

《澳大利亚商标法案》第一百三十条规定，相对人提起诉讼后，商标注册人可以反诉相对人商标侵权，此规定与《澳大利亚版权法案》和《澳大利亚专利法案》无异。

3.3.1.4　2003 年《澳大利亚外观设计法案》❶

澳大利亚没有将外观设计作为专利法保护的客体，而是和很多英美法国家一样，通过专门法保护。澳大利亚的外观设计保护有很多特别之处，如保护期仅为五年，可续期一次，将保护期延长至十年整。此外，《澳大利亚外观设计法案》还要求，登记的外观设计必须经过"审查"（certification）后，外观设计权人才能在认为权利遭侵犯后向侵权人发出诉讼威胁。

与《澳大利亚专利法案》相似，修订时间较近的《澳大利亚外观设计法案》用整个第三节"恶意诉讼威胁的救济"（共五条内容）规定了与外观设

---

❶ *Designs Act 2003*，2004 年 6 月 17 日生效，法案全文见：https://www.legislation.gov.au/Details/C2017C00044。

计相关的恶意诉讼威胁，详述见下。

《澳大利亚外观设计法案》第七十七条名为"因恶意诉讼威胁请求救济"，共有四款内容：第一款描述了诉讼威胁的概念及受害人起诉后可以期待的三种救济方式，内容完全承袭自《澳大利亚版权法案》。

第一 A 款为 2018 年修订时新增的内容，明确了法院惩罚恶意诉讼威胁方的自由裁量权——法官可以根据诉讼威胁的恶劣程度、阻止类似诉讼威胁的必要性、诉讼威胁方在发出诉讼威胁后实施的行为、诉讼威胁方因其恶意诉讼威胁获益情况及其他相关情形，决定是否要求恶意诉讼威胁方额外向请求人支付赔偿金。惩罚性赔偿对于威慑极为恶劣的诉讼威胁非常有必要，也给其他国家提供了很好的立法示范。

第二款指出，恶意诉讼威胁的发送途径包括通告函、公告或其他方式。在前面提到的几部知识产权法案中，恶意诉讼威胁的发送路径均放在开篇关于诉讼威胁的描述性定义中。当然，这只是表述上的技术性差异，内容上并无实质性区别。

第三款规定，如果外观设计权人未取得"审查报告"（certificate of examination）便发出提起诉讼或类似威胁的，法院将直接认定为恶意诉讼威胁。外观设计与创新专利一样，授权前并不进行实质审查。澳大利亚 2020 年再次进行修订《澳大利亚外观设计法案》，当时的征求意见版草案 [*Designs Amendment（Advisory Council on Intellectual Property Response）Bill 2020*] 提出要进一步简化登记手续，拟规定外观设计自登记申请提出之日起六个月后自动获得登记。❶ 虽然 2022 年最终通过的《澳大利亚外观设计法案》修订版本并未包含前述自动登记条款，但依旧可以看出外观设计权授权门槛很低，甚至有授权门槛可能被进一步拉低的趋势。因此，外观设计和创新专利一样，易成为发动恶意诉讼威胁的工具。故而《澳大利亚外观设计法案》与《澳大利亚专利法案》确立了相同立场，要求外观设计权人在发出诉

---

❶ 修订详情见：IP Australia. Designs Amendment（Advisory Council on Intellectual Property Response）Bill 2020 [EB/OL].（2020-07-23）[2020-10-08]. https://consultation.ipaustralia. gov.au/policy/designs-bill-2020/.

讼威胁前，必须向知识产权行政部门提出实质审查请求，以获取审查报告。这样，一方面避免了外观设计权人滥用诉讼威胁这一自力权利维护方式，另一方面外观设计权人权利的行使也与智力投入较少的状况相匹配。

《澳大利亚外观设计法案》第七十八条规定，法院应申请可以颁布救济，但如果外观设计权人能证明争议的外观设计已登记，且诉讼威胁针对的行为侵犯了（或一旦实施将侵犯）外观设计权，则诉讼威胁方免责。外观设计权人免责规则与前几部知识产权法案一致，除了再次强调必须先登记外观设计外，并无新意。

《澳大利亚外观设计法案》第七十九条第一款规定了外观设计权人可以选择反诉相对人侵权，并在第二款中明确了相对人面对诉讼威胁方反诉时，可以直接申请撤销外观设计登记，无须另行启动撤销程序。这与《澳大利亚专利法案》第一百三十条第二款允许相对人在同一程序里启动专利撤销程序的规则一样，体现了纠纷处理的经济原则。

《澳大利亚外观设计法案》第八十条规定，仅告知相对人一项外观设计已经登记，不应视为诉讼威胁。

《澳大利亚外观设计法案》第八十一条明确了对专业服务提供者的保护，专业服务提供者具体包括"执业律师、注册专利代理师和注册商标代理人"，该"专业服务提供者"的外延是澳大利亚所有知识产权法案中最广的一个。

3.3.1.5 1994 年《澳大利亚植物品种培育者权利法案》[1]

1994 年颁布的《澳大利亚植物品种培育者权利法案》于 2018 年进行修订，修订内容于 2019 年 2 月 24 日生效。这次修订的一个重要变化是在第五十七条后新增第五十七 A 条至第五十七 E 条共五条内容。《澳大利亚植物品种培育者权利法案》对恶意诉讼威胁的回应，可以说体现了澳大利亚立法者对恶意诉讼威胁问题最新、最全面的态度。该法案中涉及恶意诉讼威胁的内容在名为"植物品种培育者权利的执行"（Enforcement of Plant Breeders Right）的第五节中。

---

[1] *Plant Breeder's Rights Act 1994*，1994 年 11 月 10 日生效，法案全文见：https://www.legislation.gov.au/Details/C2021C00438。

第五十七 A 条共四款内容：第一款明确了恶意诉讼威胁受害人可以向联邦法院或联邦巡回法院起诉，并可获得三种方式的救济；第二款赋予了联邦法院或联邦巡回法院惩罚恶意诉讼威胁方的自由裁量权，在作出惩罚性赔偿决定时，法官应考虑的因素与《澳大利亚外观设计法案》在 2018 年修订时新加的内容完全一致；第三款指出了恶意诉讼威胁的发出方式；第四款明确了无论诉讼威胁方是否是植物品种培育者权利的受让人或受让人的独占被许可人，受害人均可以起诉。

第五十七 B 条规定了诉讼威胁方免于承担责任所必须同时满足的条件：首先，被告是植物品种培育者权利的受让人或受让人的独占被许可人；其次，诉讼威胁针对的行为侵犯了（或一旦实施将侵犯）植物品种培育者的权利。

第五十七 C 条规定诉讼威胁方在被起诉后可以反诉相对人。

第五十七 D 条规定，如果只是告知相对人存在一项植物品种培育者权利，该权利告知声明不应理解为诉讼威胁。

第五十七 E 条明确了执业律师作为专业服务提供者在以代理人身份履行职责时免责。

3.3.1.6　1989 年《澳大利亚集成电路布图设计法案》❶

1989 年《澳大利亚集成电路布图设计法案》第四十六条"恶意诉讼威胁"的内容完全承袭自 1968 年《澳大利亚版权法案》，此处不再赘述。

以上对澳大利亚六部知识产权法案中的恶意诉讼威胁条款进行了梳理，内容既有实体方面的，也有程序方面的。除此之外，2011 年《澳大利亚民事纠纷解决法案》也包含一项与恶意诉讼威胁密切相关的内容，具有一定的制度创新。

---

❶　*Circuit Layouts Act 1989*，1990 年 10 月 1 日生效，法案全文见：https://www.legislation.gov.au/Details/C2012C00729。

3.3.1.7　2011 年《澳大利亚民事纠纷解决法案》[1]

2011 年《澳大利亚民事纠纷解决法案》给民事纠纷双方当事人强加了一项义务——在提起民事诉讼前，双方当事人都必须采取真诚措施，协商解决纠纷。该法案一共有十八条内容，正如第三条所示，该法案的目的在于"尽可能确保当事人在启动特定民事诉讼程序前采取真诚措施化解纠纷"。

第四条"采取真诚措施解决纠纷"首先定义了何谓"采取真诚措施解决纠纷"，即综合考虑当事人情况及纠纷本质，当事人采取了真实诚恳的态度和措施化解纠纷。该条举例说明了立法者所认可的真实诚恳的纠纷化解措施，具体包括：①通告对方争议的问题是哪些或可能是哪些，表达同对方协商解决纠纷的意愿；②对任何此类通告进行恰当回应；③向对方提供相关信息和资料，帮助对方理解所涉及的问题及纠纷可以如何解决；④考虑纠纷能否通过第三人介入的程序推动解决，包括替代性争议解决方案；⑤如果同意第三人介入纠纷解决程序，就何人介入解决纠纷达成一致，并参与该第三人介入的纠纷解决程序；⑥如果执行了该纠纷解决程序但仍未解决纠纷，考虑其他纠纷解决程序；⑦尝试与对方磋商以解决部分或全部纠纷，或者授权一位代表人与对方磋商。

考虑到当事人诉前协商化解纠纷这一要求实施起来可能会具有较大的随意性，为确保立法者的良苦用心能得到尊重、切实节约司法资源，作为程序要求，《澳大利亚民事纠纷解决法案》第六条第一款明确要求提起民事诉讼的一方在起诉时提交一份名为"真诚措施声明"的材料，并在第二款要求"真诚措施声明"应详细说明起诉方在起诉前为解决与相对人的争议所实际采取的措施。对于解决知识产权侵权纠纷而言，《澳大利亚民事纠纷解决法案》的这一要求在某种意义上等于是将发送诸如通告、警告函、律师函等警示告知内容的函件或通告设定为提起知识产权侵权诉讼的前置程序。

诉讼当事人未遵从法案要求的（如法案第十一条所示，包括原告起诉时

---

[1]　*Civil Dispute Resolution Act 2011*，标题全称为《民事争议解决与相关目的之法案》(*An Act relating to the resolution of civil disputes, and for related purposes*)，2011 年 8 月 1 日生效，法案全文见：https://www.legislation.gov.au/Details/C2011A00017。

未向法院提交真诚措施声明，或双方当事人在起诉前并未实际采取真诚措施化解纠纷），《澳大利亚民事纠纷解决法案》对此予以回应，明确了相应后果。

首先，第十条第二款在原则上明确了"在诉讼程序中，未提交真诚措施声明的，不会导致（原告）起诉请求无效，也不会导致（被告）对起诉请求或诉讼程序的回应无效"；其次，第十二条规定，法官可以"行使自由裁量权确定诉讼费用"；最后，根据第九条规定，对于法案要求提交"真诚措施声明"的当事人，其代理律师必须（must）向当事人告知法案要求，并协助当事人遵从。否则，根据第十二条第二款和第三款，法官可以要求代理律师承担部分诉讼费用，且代理律师不得就其因此承担的诉讼费用部分向当事人另行主张。

综合上述第九条、第十条和第十二条可以看出，"真诚措施声明"对双方当事人而言并不具有绝对强制性——毕竟起诉时未提交"真诚措施声明"或起诉前未采取真诚措施化解纠纷的，并不影响法院对案件的受理。但法官在确定诉讼费用的负担规则时，"真诚措施声明"是重要的参考依据：胜诉方如果在起诉前未遵从《澳大利亚民事纠纷解决法案》的要求，法官可以据此要求胜诉方负担部分诉讼费用，以示惩戒；对于作为专业服务提供者的代理律师而言，向当事人明示并协助当事人遵从"真诚措施声明"要求则是强制性要求——只要代理律师未履行"告知"和"协助"义务，就会被要求承担部分诉讼费用。

《德国著作权与相关权法》第九十七 A 条第一款规定，提起侵权诉讼前，被侵权人应先向侵权人发出警告，并给予侵权人与之协商解决争议的机会。《英国民事程序规则》（*Civil Procedural Rules*）的附件《诉前行为与协议指南》[1]也提出了诉前充分交换意见的要求。这些与《澳大利亚民事纠纷解决法案》的"真诚措施声明"要求有异曲同工之妙，区别在于，德国是在且仅在《德国著作权与相关权法》这一部知识产权法案中明确了这一程序要求，英国是在最高法院颁布的民事程序规则中规定了类似程序，而澳大利亚则是在

---

❶ *Practice Direction on Pre-action Conduct and Protocols*，简称 PDPACP，全文见：https://www.justice.gov.uk/courts/procedure-rules/civil/rules/pd_pre-action_conduct。

民事程序一般法中统一确立了该规则。

通过梳理澳大利亚知识产权法案和民事程序法案可以看出，澳大利亚格外关注恶意知识产权诉讼威胁问题，不仅早在 1968 年便在《澳大利亚版权法案》中确立了应对恶意诉讼威胁的基础规则，而且逐步完善并推广到主要知识产权法案中，到目前已经成功地构建了立法规制恶意诉讼威胁的生态体系，即：①明确了诉讼威胁的定义，并确定了通告权利的存在不视为诉讼威胁的态度；②针对恶意诉讼威胁提供了侵权诉讼救济通道与三类具体救济措施；③为诉讼威胁方与专业服务提供者提供保护，激励甚至强制要求知识产权权利人通过诉讼威胁协商解决侵权纠纷；④确立了知识产权权利人面对相对人的起诉可以反诉的程序规则；⑤辅以民事程序一般法，确立了诉讼威胁作为诉讼解决知识产权侵权纠纷前置程序的地位。

不仅如此，澳大利亚立法者还不断提出创新性举措，这些创新性举措昭示着立法规制知识产权诉讼威胁的发展趋势。

第一是引入了惩罚性赔偿规则，允许法官视具体情况，要求恶意诉讼威胁方在弥补受害人损失之外，向受害人额外支付费用。澳大利亚打击恶意诉讼威胁的惩罚性规则首次出现在《澳大利亚植物品种培育者权利法案》和《澳大利亚外观设计法案》中，这两部法案中的诉讼威胁条款均为在 2018 年大幅修订时新增的内容，且两部法案中惩罚性规则的内容完全相同，特别是明确了法官在自由裁量惩罚金额时应考虑的要素。可以预测，澳大利亚未来对其他知识产权法案进行修订时，也将逐步加入惩罚性赔偿规则。

第二是明确了行政程序先行原则。虽然对于知识产权权利人来说，诉讼威胁是一种低成本的自力纠纷救济机制，但寄送警告函、律师函或发送公告，会给相对人与利害关系人的生产经营活动带来不便、阻碍创新、危及交易安全，而且甚至还会引发民事诉讼。因此，澳大利亚立法者要求特定客体的知识产权权利人在发出诉讼威胁前必须先履行相关行政程序，否则诉讼威胁将被定性为当然的恶意诉讼威胁。一旦认定为当然恶意的诉讼威胁，将意味着诉讼威胁方没有任何为自己辩解的机会，无论相对人是否真正侵犯了诉讼威胁方的知识产权，也无论诉讼威胁方是否掌握有相对人侵权的初步证据。这一做法体现了行政程序先行原则，即登记注册或实质审查等行政程序先于诉讼威胁。从澳大利亚现有立法来看，行政程序先行原则有如下具体体现。

其一，商标的注册要求。澳大利亚并不要求商标必须注册后才能使用。事实上，《澳大利亚商标法案》第一百二十四条"相同商标的在先使用"规定，如果在商标注册申请提出前，有人在相同和类似的商品或服务上使用了相同或近似的未注册商标，该种在先使用不构成对在后注册商标的侵犯。不过，澳大利亚对未注册商标的保护也明显著弱于注册商标。就诉讼威胁而言，《澳大利亚商标法案》第一百二十九条第四款间接表明，诉讼威胁方以未注册商标被侵犯为由发出诉讼威胁的，属于当然恶意的诉讼威胁，不属于诉讼威胁方免于承担责任情形。

其二，创新专利与外观设计的补充实质审查要求。与商标的"注册"要求对应的是，《澳大利亚外观设计法案》第七十七条第三款要求外观设计权人发出诉讼威胁前必须先取得审查报告，《澳大利亚专利法案》第一百二十九 A 条也规定，创新专利已获授权但专利权人尚未请求知识产权行政部门对创新专利进行实质审查、获得审查报告便发出诉讼威胁的，一律定性为恶意诉讼威胁。

无论是商标的注册要求，还是外观设计与创新专利的实质审查要求，都表明，如果知识产权权利人准备运用诉讼威胁这一低成本、高效率的自力纠纷解决手段，必须首先前往行政部门办理登记注册、实质审查等行政手续。登记注册或审查报告的作用之一是向社会公众宣示私权的存在，确定权利边界，在一定程度上防止他人可能实施的侵权行为，这一做法与《美国版权法》在坚持版权自动产生的同时要求版权人提起版权侵权诉讼前必须要完成版权登记手续的要求和立法初衷一样；❶ 另外，对于智力投入本就不高的成果，如果知识产权权利人不愿意履行相关行政程序，而是径直发出诉讼威胁，法院将推定知识产权权利人以上述智力成果的知识产权被侵犯为由发出

---

❶　见美国联邦最高法院判例 *Fourth Estate Public Benefit Corporation v. Wall-street.com*，*LLC*，*et al.*（No. 17–571）。

诉讼威胁时具有主观上的"恶意"。

其三，区分对待智力成果原则。行政程序先行原则建立在区分对待智力成果原则的基础之上，后者最明显的示例是《澳大利亚专利法案》区分对待标准专利与创新专利。对于标准专利，如果专利权人能证明其诉讼威胁针对的行为侵犯了专利权，专利权人无须因发出诉讼威胁承担责任。创新专利则大不相同，在两种情况下，就创新专利或创新专利申请发出诉讼威胁，将直接被定性为恶意诉讼威胁，创新专利权人或申请人进而会被要求承担侵权责任。区分对待智力成果的直接目的在于避免质量较低的智力成果沦为恶意诉讼威胁的工具。

在肯定澳大利亚在立法规制恶意知识产权诉讼威胁方面所取得成绩的同时，也必须看到，其相关立法仍存在一些问题，对其他国家具有警示意义。

一方面，由于澳大利亚依然维持分散型立法模式来规制知识产权诉讼威胁，因此不可避免地产生了如下立法技术问题。

（1）术语不统一。此处举两个例子：关于"恶意诉讼威胁"这一核心概念的表述，有的立法用"unjustified threat"❶，有的用"groundless threat"❷；"专业服务提供者"的表述更是五花八门，单是"律师"这一概念，有的法案用"barrister or solicitor"❸，有的则用"legal practitioner"❹或"lawyer"❺。

（2）修订步伐不统一。虽然基础性规则已经在主要知识产权法案中予以普遍、统一规定，但对于惩罚性赔偿规则等新增内容，仅在刚修订不久的《澳大利亚植物品种培育者权利法案》和《澳大利亚外观设计法案》中予以明确。显然，规范传统客体的《澳大利亚专利法案》《澳大利亚版权法案》《澳大利亚商标法案》在重要性方面并不逊色于《澳大利亚植物品种培育者权利法案》和《澳大利亚外观设计法案》，惩罚恶意发送专利诉讼威胁或恶

---

❶ 如 1990 年《澳大利亚专利法案》。
❷ 如 1995 年《澳大利亚商标法案》、1968 年《澳大利亚版权法案》。
❸ 如 1968 年《澳大利亚版权法案》。
❹ 如 1990 年《澳大利亚专利法案》。
❺ 如 1995 年《澳大利亚商标法案》。

意发送版权诉讼威胁的行为同样甚至更具有紧迫性和重要意义。

另一方面，部分条款操作难度大。最典型的例子是几部知识产权法案均规定了告知对方存在一项知识产权不视为诉讼威胁。例如，《澳大利亚专利法案》第一百三十一条规定："仅仅是告知存在一项专利权的声明，或已提出一项专利申请的声明，不构成本法第一百二十八条所称之诉讼威胁。"然而，短短的一句话，并未描述清楚权利告知声明与诉讼威胁的具体边界究竟在哪里。这样必然会导致实践中难以区分二者差异，甚至引发司法裁判人员不加区分地将所有诉讼威胁认定为恶意诉讼威胁的风险。在 *CQMS Pty Ltd. v. Bradken Resources Pty Limited（2016）*案❶中，代表原告 CQMS Pty Ltd. 的专利代理师在由其起草的警告函（letter of demand）中这样表述：

> 我们的客户明确保留视情况……索要赔偿金或者 Bradken 因其侵权行为所获得收益的权利。
>
> 如果 Bradken 不按要求作出承诺，或者在作出承诺后拒绝履行承诺，那么我们的客户已明确表态，将在不知会 Bradken 的情况下，到澳大利亚联邦法院提起诉讼。
>
> 真诚措施
>
> 2011 年《澳大利亚民事纠纷解决法案》要求诉讼当事人在提起诉讼前采取真诚措施化解纠纷。
>
> 本警告函即为我们的客户采取的尝试化解纠纷的真诚措施。
>
> 我们的客户将保留一切权利。

在该案判决书第一百五十九段，主审法官的判决意见之一是"既然本院已经得出未发生专利侵权的结论，这就意味着诉讼威胁是恶意的"。这一判决意见认为，只要法院经审理认为未发生专利侵权，那么诉讼威胁一定是恶意的。换句话说，在主审法官看来，诉讼威胁方只有在完全确认相对人确实施了侵犯专利权行为的情况下发出诉讼威胁，才不会因其诉讼威胁承担责任。在研究者看来，这显然是一种"第二十二条军规"（*Catch 22*）困

---

❶ *CQMS Pty Ltd. v. Bradken Resources Pty Limited（2016）*案判决书全文见：http://www6. austlii.edu.au/cgi-bin/viewdoc/au/cases/cth/FCA/2016/847.html。

局。●*CQMS Pty Ltd. v. Bradken Resources Pty Limited*（2016）案主审法官的这一判决意见大幅提高了知识产权权利人发出诉讼威胁的门槛，无益于鼓励知识产权权利人通过发送警告函、律师函或公告来化解侵权纠纷。

又如，以专利为例，有时候专利权人虽采取了合理措施，但可能依然无法找到直接侵犯专利权的实施者（首要实施者，primary actor），进而只能向专利产品的零售商●、供货商甚至是客户（从属实施者，secondary actor）发出诉讼威胁，以期停止侵权产品的分发、销售或达到查找首要实施者等目的。在此类情形下，如果允许零售商、供货商或客户以恶意诉讼威胁为由起诉专利权人，显然不利于专利权人正当行使权利。因此，有必要像《英国知识产权（恶意威胁）法案》那样，就这一情况为知识产权权利人设计合理的抗辩理由。

上述澳大利亚立法和司法实践中出现的部分问题，在英国得到了较好的解决。

3.3.2　英国

在立法规制知识产权诉讼威胁方面，英国相比澳大利亚最大的创新之处在于通过了《英国知识产权（恶意威胁）法案》。

《英国知识产权（恶意威胁）法案》并非一部全新法案，而是对 1977 年《英国专利法案》、1988 年《英国版权、外观设计和专利法案》、1994 年《英国商标法案》、1949 年《英国登记外观设计法案》等多部知识产权法案的一次统一修订。如该法案标题全称所示，该法案旨在修订"规制以涉嫌侵犯专利权、商标权、外观设计权与欧盟外观设计为由发送恶意诉讼威胁之法

● MARK S. Another Australian Patentee Bitten by "Unjustified Threats" Provisions [EB/OL]. (2018-08-14) [2020-01-05]. https://blog.patentology.com.au/2016/08/another-australian-patentee-bitten-by.html.

● 有研究者认为，发送给零售商等从属实施者的诉讼威胁要比发送给首要实施者的诉讼威胁更有效，具体分析见：DAVID B, CLAIRE H. Intellectual Property Asset Management-How to identify, protect, manage and exploit intellectual property within the business environment [M]. Abingdon: Routledge, 2014: 202.

案"。❶英国很早就尝试在知识产权法案中规制恶意诉讼威胁，并自 2012 年起尝试协调、统一应对恶意诉讼威胁的立法，成果便是《英国知识产权（恶意威胁）法案》。

该法案为立法规制诉讼威胁提出了一套统一方案，堪称此类主题立法进路的新标杆，极具参考价值。以下对英国规制恶意诉讼威胁立法的研究，将围绕《英国知识产权（恶意威胁）法案》出台的背景、规制恶意威胁立法进路的创新及具体措施展开，并对比《英国知识产权（恶意威胁）法案》颁布前后主要知识产权法案中相关规制措施的变化。

3.3.2.1 《英国知识产权（恶意威胁）法案》出台的背景

英国法律委员会在名为《专利、商标和设计权利：恶意诉讼威胁》❷的报告中提及了 *Halsey v. Brotherhood（1881）* 案，该案被视为英国选择在制定法中规制恶意知识产权诉讼威胁的"导火索"。

该案原告 Halsey 和被告 Brotherhood 都生产蒸汽机，但 Brotherhood 的生意非常好，原因之一是 Brotherhood 一直以 Halsey 产品涉嫌专利侵权为由威胁要起诉 Halsey 的客户，但 Brotherhood 从未真正到法院提起过诉讼，可 Halsey 的客户一收到诉讼威胁，便不再购买 Halsey 的产品。于是，Halsey 到法院寻求禁令救济，但法院认为，除非证明 Brotherhood 具有恶意，否则普通法无法提供救济。由于 Halsey 难以应法院要求证明恶意的存在，因此对 Brotherhood 的所作所为一直无可奈何。

面对此类尴尬局面，1883 年英国议会决定介入，颁布了《英国专利、外观设计和商标法案》❸，为因恶意诉讼威胁遭受损失的一方提供制定法上的

---

❶ 《英国知识产权（恶意威胁）法案》标题全称为"*An Act to amend the law relating to unjustified threats to bring proceedings for infringement of patents, registered trade marks, rights in registered designs, design right or Community designs*"。

❷ The UK Law Commission. Patents, Trade Marks and Design Rights：Groundless Threats［EB/OL］.（2014-04-15）［2018-01-07］. https://assets.publishing.service.gov.uk/government/uploads/system/uploads/attachment_data/file/303523/39750_Cm_8851_web_accessible.pdf.

❸ 1883 年《英国专利、外观设计和商标法案》(*Patents, Designs and Trade Marks Act 1883*) 被视为最早规制知识产权诉讼威胁的制定法。

救济。该法案第三十二条"针对恶意诉讼威胁的救济"（Remedy in case of groundless threats of legal proceedings）规定：

> 任何声称自己是发明专利权人者，以传单、广告或其他方式，就其所指称的任何他人制造、使用、销售或购买等实施发明的行为威胁起诉或追究责任的，倘若诉讼威胁指称的制造、使用、销售或购买行为事实上并未侵犯诉讼威胁方的任何权利，任何因此遭受损失的一人或多人可以起诉该专利权人，并可以获得禁令禁止继续发出诉讼威胁。因此遭受损失者，可以主张损害赔偿。但如果诉讼威胁方尽到审慎注意义务提起专利侵权诉讼的，则本条不适用。❶

这表明，早在 1883 年，为了弥补普通法应对恶意诉讼威胁存在的缺陷，英国便率先尝试在制定法中规制恶意诉讼威胁，先从专利开始，后逐渐扩展至商标和外观设计。根据这些知识产权法案，除非诉讼威胁方能证明已现实发生或即将发生侵犯知识产权行为，否则相对人可以提起诉讼，法院将视案件具体事实，颁布临时或永久禁令，以及要求败诉方赔偿损失。

这些知识产权法案中的恶意诉讼威胁条款也在不断修订完善。但在《英国知识产权（恶意威胁）法案》出台前，英国应对诉讼威胁的知识产权法案存在诸多问题。这些问题的根源在于诉讼威胁与生俱来的复杂性：不仅涉及多类知识产权客体，还跨越了知识产权、反不正当竞争和民事诉讼等多个领域。同时，由于英国最早尝试在制定法中规制知识产权诉讼威胁，难免形成沉疴痼疾，集中表现在以下两个方面。

一是规则过于复杂，增加了不必要的法律成本，打击了相对人对抗恶意诉讼威胁方的积极性，甚至在某种程度上会间接鼓励恶意诉讼威胁。单以知识产权法案的名目为例，在《英国知识产权（恶意威胁）法案》颁布前，英国涉及诉讼威胁的知识产权法案有 1977 年《英国专利法案》（相关内容分别于 1991 年、2004 年修订）、1994 年《英国商标法案》（相关内容分别于

---

❶ 该法案及相关实施细则详见：The Patents, Designs, and Trade Marks Act, 1883（46 & 47 Vict. C. 57）with the Rules and Instructions, Together with Pleadings, Orders, and Precedents − Google Play，https://play.google.com/books/reader?id=1poDAAAAQAAJ&pg=GBS.PA56&hl=zh_CN。

2004 年、2006 年和 2010 年修订）、2006 年《英国共同体商标条例》、1949 年《英国登记外观设计法案》（相关内容分别于 1991 年和 2006 年修订）、1988 年《英国版权、外观设计和专利法案》、2005 年《英国共同体外观设计条例》等。此外，由于诉讼威胁还不可避免地会涉及反不正当竞争和民事程序，对于恶意诉讼威胁受害人来说，无疑是雪上加霜。

二是不同知识产权法案中的恶意诉讼威胁条款差异较大。特别值得注意的是，2004 年对《英国专利法案》中有关恶意诉讼威胁条款的修订包含了很多亮点，如新增了向首要实施者发出的诉讼威胁不可起诉的条款。但在接下来的十几年时间里，英国并未同步对商标和外观设计等法案进行相应修订，结果是进一步加剧了针对不同客体的恶意诉讼威胁条款之间的差异。加之英美法国家制定法固有的抽象性和模糊性，难免会给司法实践带来诸多不便。

为应对上述问题，英国商业创新和技术部❶和知识产权局在 2012 年要求法律委员会重新评估应对专利、商标和外观设计恶意诉讼威胁的立法。2013 年，法律委员会发布咨询报告称，调查显示民众强烈赞同加强对恶意知识产权诉讼威胁行为的规制，并支持立法改革。2014 年 4 月，法律委员会发布报告❷，总结了收集的公众反馈意见并提出了十八项改革建议。2015 年 2 月 26 日，英国政府对法律委员会的报告作出回应，表示接受改革建议，指示法律委员会起草法案。《英国知识产权（恶意威胁）法案》草案于 2015 年 10 月 12 日公布，并公开征询意见。2016 年 5 月，该草案提交议会讨论表决。经上议院和下议院分别表决通过后，法案于 2017 年 4 月 27 日获女王御准，并分步骤生效。

3.3.2.2　应对恶意知识产权诉讼威胁的"最简方案"

在《英国知识产权（恶意威胁）法案》颁布前，英国与澳大利亚一样，

---

❶　商业创新和技术部（Department for Business, Innovation and Skills），为商业、能源及工业战略部（Department for Business, Energy & Industrial Strategy）的前身。

❷　The UK Law Commission. Patents, Trade Marks and Design Rights: Groundless Threats [EB/OL]. （2014-04-15）[2018-01-07]. https://assets.publishing.service.gov.uk/government/uploads/system/uploads/attachment_data/file/303523/39750_Cm_8851_web_accessible.pdf.

采取分散型立法规制模式，将应对措施分散在多部知识产权法案中。《英国知识产权（恶意威胁）法案》彻底摈弃了分散型立法模式，无论是体例还是内容，都堪称应对恶意知识产权诉讼威胁的"最简方案"。

1）体例上——对多部知识产权法案进行统一修订

不谋求制定新法，而是协调统一多部知识产权法案，这一举措本身充分体现了法案的"最简"属性。前面提到，在立法模式选择上，英国法律委员会首先面临的抉择是推出一部全新法案，还是分别修订原《英国专利法案》《英国商标法案》等知识产权法案并嵌入新内容。出于多重考虑，英国法律委员会最终选择走第二条道路。因此，《英国知识产权（恶意威胁）法案》在本质上是多部知识产权法案中恶意诉讼威胁条款统一修订的汇总。

从内容来看，该法案条款分为两大类：第一类为技术性条款，用于协调该法案和被该法案修订的知识产权法案之间的关系；第二类为实质性条款，明确了对已有知识产权法案修订的具体内容。

2）内容上——针对不同知识产权客体确立统一规则

《英国知识产权（恶意威胁）法案》一共只有九条内容：第一条为"专利"，第二条和第三条为"商标"，第四至六条为"登记外观设计、外观设计权与欧盟外观设计"，最后三条为"附则"。"附则"分别规定了法案适用的地域范围[1]、生效时间[2]与标题简称[3]。附则条款并非本书重点探讨的内容，故在此略过。

针对原有多部知识产权法案应对恶意诉讼威胁问题上的不足，该法案前

---

[1] 根据第七条第一款，该法案适用于英格兰、威尔士、苏格兰和北爱尔兰，第二款明确了该法案部分内容适用于马恩岛。

[2] 根据第八条第一款，该法案第七条第一款至第三款在该法案颁布之日（即 2017 年 4 月 27 日）生效，其他条款将根据国务大臣依据通过的实施条例确定生效时间。根据后来颁布的《2017 年〈英国知识产权（恶意威胁）法案〉生效与过渡条款实施条例》[*The Intellectual Property*（*Unjustified Threats*）*Act 2017*（*Commencement and Transitional Provisions*）*Regulations 2017*]，《英国知识产权（恶意威胁）法案》其余条款的生效日期为 2017 年 10 月 1 日。

[3] 根据第九条，该法案标题简称为《英国知识产权（恶意威胁）法案》[*The Intellectual Property*（*Unjustified Threats*）*Act*]。

六条确立了针对三类客体共四个方面的统一规则。

一是统一了条文范式。虽然第一条至第六条分别对应专利、商标和外观设计三类不同客体，但均一致包含五个部分的内容：第一部分定义何谓针对该类客体的"侵权诉讼威胁"（threats of infringement proceedings），第二部分界定哪些诉讼威胁不属于"可起诉的诉讼威胁"（actionable threats of infringement proceedings），第三部分引入"允许的通告"（permitted communications）概念，第四部分规定救济渠道、具体救济措施及抗辩事由，第五部分明确在特定情况下不得追究专业服务提供者代表委托人发出诉讼威胁的责任。以上统一的内容范式化解了原各知识产权法案中专利、商标和外观设计恶意诉讼威胁条款在内容及表述上的冲突。

二是将诉讼威胁的相对人区分为"首要实施者"和"从属实施者"❶，在此基础上，明确了对于向首要实施者发送的诉讼威胁，相对人不得起诉。

三是重新定义了"允许的通告"，进一步明晰了诉讼威胁的边界。

四是明确了在特定条件下不得追究律师、专利代理师和商标代理人等知识产权专业服务提供者发出诉讼威胁的责任。虽然澳大利亚很早就在多部知识产权法案中确立了专业服务提供者免责的规则，但对英国而言，专业服务提供者的保护为全新内容。

《英国知识产权（恶意威胁）法案》颁布施行后，由于采用了统一体例和内容设计，使得规则本身变得更加清晰简洁。例如，《英国专利法案》的救济条款内容长度从 575 个英文单词大幅缩减至 115 个英文单词。这样，无论是对于知识产权权利人，还是法律从业者及学习研究人员，抑或是普通民众，《英国知识产权（恶意威胁）法案》的颁布施行大幅降低了相关规则的理解和遵从难度。

---

❶ 专利的"首要实施者"是指已经或准备以制造或进口等方式直接实施专利者；商标的"首要实施者"是指直接将商标用于标识商品的人员或以标识提供服务者。"从属实施者"主要指产品的零售商、供货商和客户等。

3.3.2.3 应对恶意知识产权诉讼威胁的具体方案

1）诉讼威胁的认定标准

在司法实践中，知识产权权利人发出的一项通告究竟是法律所允许的权利告知行为还是包含了诉讼威胁，往往是知识产权权利人与相对人争论的第一个焦点——通告中如果没有"诉讼威胁"之意，自然也就谈不上"恶意诉讼威胁"。故而《英国知识产权（诉讼威胁）法案》在每类客体的开篇都对基于该类权利发出的诉讼威胁进行界定。

鉴于法案针对不同客体采用了统一的条文范式，下面将以根据《英国知识产权（恶意威胁）法案》修订后的《英国专利法案》为例，进行详细解读。❶根据《英国专利法案》第七十条第一款规定，如果在相对人看来，通知、公告或律师函中同时传递了下述信息，便可认定包含了"诉讼威胁"。

（a）告知存在一项专利；并且

（b）告知对方有人（无论是在联合王国境内还是在境外法院）

有针对以下行为提起专利侵权诉讼程序的意愿：

（i）已在联合王国实施的行为；或

（ii）准备在联合王国实施的行为。

该定义表明，一项通告同时满足两个内容要件才能构成"诉讼威胁"：通告权利存在的事实，并表达通告方起诉的意愿。这两个条件均是站在相对人的立场上来判定。考虑到通知、公告或律师函中"告知存在一项专利"主要是事实信息的披露，因此该法案第七十条第一款所称的诉讼威胁内容构成要件主要是指在相对人看来通告方有"提起专利侵权诉讼程序的意愿"。但是，"提起专利侵权诉讼程序的意愿"是比较模糊的表述。为进一步明晰这一抽象问题，《英国专利法案》提出了"理性相对人"（reasonable person in the position of a recipient）标准——作为理性人的"相对人"如果认为通告传递了"提起专利侵权诉讼程序的意愿"，则可以认定该通告包含了诉讼

---

❶ 以下分析的《英国专利法案》中的恶意诉讼威胁条款，对应《英国知识产权（恶意威胁）法案》第一条内容。

威胁。

《英国专利法案》第七十条第二款还指出，诉讼威胁可以是向"公众或部分公众"发出。这表明诉讼威胁的相对人并不限于特定人：向"公众"发出，主要是指以通知、公告等方式发出诉讼威胁；向"部分公众"发出，一般是指以警告函、律师函等方式向特定人发出诉讼威胁。

综上所述，如果作为理性人的公众或个人在收到通知、公告或律师函后，认为有人意欲凭借其依据通知、公告或律师函中提及专利所享有的权利，对在联合王国已实施或准备实施的行为在联合王国或境外提起专利侵权诉讼，则可视为收到了专利诉讼威胁。

澳大利亚知识产权法案普遍忽略了对"诉讼威胁"进行界定这一重要工作。《澳大利亚版权法案》第二百零二条第一款仅仅将诉讼威胁描述为"有人通过通知函、公告或其他方式，威胁就版权侵权启动程序或提起诉讼"。相比之下，《英国专利法案》中关于"诉讼威胁"的认定标准是一大进步，给各方提供了较为清晰的判断标准。并且，这一判断标准与"允许的通告"判断标准相结合，大幅减少了司法实践中关于一项通告究竟是"允许的通告"还是诉讼威胁的争论。

2）可起诉的诉讼威胁

即便面临诉讼威胁，相对人也并非总是可以通过起诉诉讼威胁方来反击，这是因为《英国专利法案》严格区分"可起诉的诉讼威胁"和"不可起诉的诉讼威胁"——诉讼威胁必须首先是"可起诉的诉讼威胁"，相对人才可以起诉诉讼威胁方。这一划分使得知识产权权利人通过诉讼威胁化解知识产权侵权纠纷的权利得到了程序性保障，在某些情况下避免了知识产权权利人只要发出诉讼威胁、相对人就立刻前往法院以恶意诉讼威胁为由起诉诉讼威胁方的局面。

---

❶ 在 *L'Oréal（UK）Limited and Another v. Johnson & Johnson（2000）* 案中，主审法官认为，"简而言之，如果在理性人看来，有人拥有商标权并准备针对他人执行商标权，便可认定为'威胁'"。JANE L. Enforcing Intellectual Property Rights−A Concise Guide for Businesses, Innovative and Creative Individuals［M］. Burlington: Gower, 2009: 136.

《英国专利法案》第七十 A 条第六款根据文字表述的字面意思，将"可起诉的诉讼威胁"直接定义为"可以根据本条提起诉讼的诉讼威胁"（a threat of infringement proceedings that is actionable in accordance with this section）。这一表述有循环定义之嫌，不过第七十 A 条第二至五款规定了三类不可起诉情形，弥补了循环定义的缺陷。除此三类不可起诉情形，根据第七十 A 条第一款，其他皆属于"可起诉的诉讼威胁"。三类不可起诉情形分别为：特定内容主题不可起诉、特定相对人不可起诉和"允许的通告"不可起诉。

特定内容主题的诉讼威胁不可起诉，即如果通知、公告或律师函的内容是指责相对人实施了[1]或准备实施[2]制造、进口专利产品或使用专利方法等行为，相对人不得到法院起诉追究诉讼威胁方的责任。

针对特定相对人的诉讼威胁不可起诉，即针对首要实施者发出的诉讼威胁不可起诉。前面提到，专利的"首要实施者"是指以制造或进口等方式直接实施专利者。既然《英国专利法案》第七十 A 条第二款和第三款已经规定指责制造、进口专利产品或使用专利方法等行为的诉讼威胁不可起诉，那么，第七十 A 条第四款关于向首要实施者发出的诉讼威胁不可起诉的规则看起来显得冗余——毕竟首要实施者一旦实施或准备实施制造、进口专利产品或使用专利方法等行为，将会落入第七十 A 条第二款和第三款所称之不可起诉的特定内容主题。事实上，第七十 A 条第四款额外规定针对首要实施者发出的诉讼威胁不可起诉的意义在于，在实践中，有些首要实施者除了制造、进口专利产品或使用专利方法外，还可能同时实施了其他行为。例如，在 *Cavity Trays Ltd. v. RMC Panel Products Ltd.*（1996）案[3]中，首要实施者除涉嫌制造专利侵权产品外，还实施了许诺销售（在该案中为促销商品）和销售侵权产品等行为。显然，许诺销售和销售行为不同于制造或进口行为。该

---

[1] 具体见《英国专利法案》第七十 A 条第二款。

[2] 具体见《英国专利法案》第七十 A 条第三款。

[3] *Cavity Trays Ltd. v. RMC Panel Products Ltd.*（1996）案判决书全文见：https://academic.oup.com/rpc/article-abstract/113/12/361/1600313?redirectedFrom=fulltext。

案主审法官认为，针对首要实施者的促销和销售行为发出的诉讼威胁属于可起诉的诉讼威胁，这一裁决意见引发了争议。争议的起因在于，当时的《英国专利法案》并未对此类不可起诉情形作出明确规定。2004 年修订后的《英国专利法案》第七十 A 条第四款对 "*Cavity Trays Ltd. v. RMC Panel Products Ltd.*"（1996）案主审法官的观点予以了直接回应：明确规定了发送给特定相对人的诉讼威胁不可起诉，进而在制定法层面否定了 "*Cavity Trays Ltd. v. RMC Panel Products Ltd.*"（1996）案主审法官的观点，进一步扩大了不可起诉的诉讼威胁的外延。《英国知识产权（恶意威胁）法案》完全保留了《英国专利法案》在 2004 年修订时确立的针对特定相对人的诉讼威胁不可起诉规则。

之所以规定针对制造、进口等行为及其首要实施者发出的诉讼威胁不可起诉，背后有非常重要的原因。

一方面，英美法国家视诉权高于自由竞争权，继而将诉权列为法律优先保护的对象。制造、进口专利产品或使用专利方法等行为对知识产权权利人的冲击最直接，侵害结果最为严重。❶ 在以通知、公告或律师函等形式发出的诉讼威胁没有达到知识产权权利人期待的效果，且《英国专利法案》禁止相对人起诉诉讼威胁方的情况下，专利权人可以在不受干扰的情况下，到法院提起知识产权侵权诉讼，以保护自己的知识产权。

另一方面，如果相对人在收到诉讼威胁后动辄到法院起诉诉讼威胁方，那么诉讼威胁用于化解侵权纠纷的工具价值将形同虚设。确立此等内容主题及针对特定相对人的诉讼威胁不可起诉，意味着相对人无法运用诉讼策略来干扰知识产权权利人通过诉讼威胁敦促潜在侵权人协商解决纠纷的努力，这对于保障知识产权权利人的利益、减少因诉讼威胁引发的诉讼纠纷都至关重要。

"不可起诉的诉讼威胁"并非《英国知识产权（恶意威胁）法案》的首

---

❶　具体见英国法律委员会于 2015 年 3 月发布的名为《专利、商标与外观设计权：恶意威胁》（*Patents, Trade Marks and Design Rights: Groundless Threats*）的草案指南，网址为：http://www.lawcom.gov.uk/app/uploads/2015/03/lc346_patents_groundless_threats.pdf。

创。在 2004 年修订《英国专利法案》时，英国就已明确了针对制造、进口专利产品、使用专利方法等行为及首要实施者发出的诉讼威胁不可起诉的相关规则。《英国知识产权（恶意威胁）法案》一方面在第一条完全保留了《英国专利法案》在 2004 年修订时的内容，另一方面还将该规则统一扩大到商标❶和外观设计❷条款中。

"允许的通告"不可起诉。《英国专利法案》第七十 A 条第五款规定了"允许的通告"是不可起诉的诉讼威胁，并在第七十 B 条详加阐述。这一规则与澳大利亚知识产权法案中普遍确立的"权利告知声明不属于诉讼威胁继而不可起诉"的规则一致。不过，这里面存在的一个逻辑悖论，即"允许的通告"连诉讼威胁都称不上，也就更谈不上恶意诉讼威胁。

3）"允许的通告"

"允许的通告"是指一项通告同时满足"允许的内容"和"允许的目的"双重标准时❸，将属于法律允许的沟通行为，相对人不得起诉通告方。英国立法中"允许的通告"类似于澳大利亚立法中的权利告知声明。

"允许的目的"是指通告仅用于包括但不限于以下目的之一（以专利为例）❹：①告知存在一项专利；②尝试查证专利权是否被侵犯或查明侵权人；③告知相对人某人基于一项专利享有特定权利，而相对人知晓该项专利权与否事关能否就该项专利提起任何诉讼。

鉴于立法者不可能穷尽所有"允许的目的"，修订后的《英国专利法案》第七十 B 条第三款给法官留下了自由裁量的空间——其他未列明的目的如满足"公平正义"标准，仍可视为"允许的目的"。但与此同时，有些情形被《英国专利法案》第七十 B 条第四款明文排除在"允许的目的"之外，主

---

❶　具体见根据《英国知识产权（恶意威胁）法案》修订后的《英国商标法案》第二十一 A 条第四款。

❷　具体见根据《英国知识产权（恶意威胁）法案》修订后的《英国外观设计法案》第二十六 A 条第四款。

❸　具体见《英国专利法案》第七十 B 条第一款及其他法案对应条款。

❹　具体见《英国专利法案》第七十 B 条第二款及其他法案对应条款。

要有：①请求相对人停止一切为商业目的实施产品或方法专利；②请求相对人交出或销毁侵权产品；③请求相对人就产品或方法专利作出承诺。上述目的之所以被明确排除在外，主要是因为"允许的目的"只能是出于"查证"和"告知"等非进攻性目的，不能是要求相对人实施特定行为的"直接的威胁"，而第七十 B 条第四款所列的三项目的均属于要求相对人实施特定行为的"直接的威胁"❶，应赋予面临所述威胁、被要求实施特定行为后遭受损失的相对人通过诉讼维权的权利。

"允许的内容"，是指允许的通告只能包含如下信息：①一项有效专利存在或已提出专利申请的声明；②关于专利或基于专利所产生权利的细节信息，所述信息须准确、不得带有误导性；③能够帮助辨别被侵犯专利权的产品或方法信息。所述内容应以满足前述各"允许的目的"为限，且诉讼威胁方需有正当理由相信内容是真实的。

由此可见，与澳大利亚只是简单提及权利告知声明不可起诉不同，《英国知识产权（恶意威胁）法案》明确了"允许的通告"的具体判断标准，包括内容标准和目的标准。

4）救济渠道、救济措施与抗辩事由

如果通知、公告或律师函中的诉讼威胁属于可起诉的诉讼威胁，相对人认为属于恶意诉讼威胁的，可以以侵权为由将诉讼威胁方起诉至法院，并期待获得救济，除非诉讼威胁方有法定抗辩事由。以专利为例，恶意诉讼威胁的救济渠道、救济措施和抗辩事由规定在根据《英国知识产权（恶意威胁）法案》修订后的《英国专利法案》第七十 C 条中。

《英国知识产权（恶意威胁）法案》为恶意诉讼威胁受害人提供的救济方式与原知识产权法案并无差异，共有三种：①关于诉讼威胁为非正当性的宣告；②禁令——禁止再次向相对人发出诉讼威胁，禁令可以是临时性救济，也可以是最终救济；③受害人的损害赔偿，因恶意诉讼威胁产生的损害

---

❶ 法律委员会发布《专利、商标与外观设计权：恶意威胁》时的解释，具体见：https://assets.publishing.service.gov.uk/government/uploads/system/uploads/attachment_data/file/469935/Chapter_4_LC_Oct_report__Oct_15.pdf。

赔偿需符合侵权法关于赔偿范围的合理预见标准。这三项救济措施与澳大利亚知识产权法案确立的救济措施并无差异。不过，在损失赔偿方面，并没有像同时期的《澳大利亚植物品种培育者权利法案》和《澳大利亚外观设计法案》那样确立惩罚性赔偿规则。

面对相对人提起的恶意诉讼威胁侵权指控，诉讼威胁方可以援引的抗辩事由有两类："正当性抗辩"和"合理措施抗辩"。❶

所谓正当性抗辩，是指诉讼威胁方能证明其指控的相对人实施的行为侵犯了（或一旦实施将侵犯）专利权等权利的，无须承担责任。《英国知识产权（恶意威胁）法案》中的正当性抗辩基本上直接照搬了 1977 年《英国专利法案》、1994 年《英国商标法案》中的相关条款。与向首要实施者发出的诉讼威胁不可起诉的规则一样，《英国知识产权（恶意威胁）法案》只是将正当性抗辩扩大到适用于其他知识产权客体。❷

所谓合理措施抗辩，是指向从属实施者发出诉讼威胁者，如果能证明尽管其已采取合理措施，但依然无法找到首要实施者，在向从属实施者发出诉讼威胁之前或同时，向从属实施者通告了诉讼威胁方为寻找首要实施者所已经采取的合理措施，那么诉讼威胁方可以免于承担向从属实施者发出诉讼威胁的责任。

合理措施抗辩为知识产权权利人维权进一步创造了空间，也充分考虑到了诉讼威胁方作为权利人与相对人作为涉嫌侵权人之间利益的平衡。需要指出的是，合理措施抗辩是《英国知识产权（恶意威胁）法案》的首创，其他国家的诉讼威胁立法中并无相关内容。

5）专业服务提供者免责

在颁布《英国知识产权（恶意威胁）法案》之前，根据英国当时的几部知识产权法案，专业服务提供者接受委托发出诉讼威胁被追究恶意诉讼威胁

---

❶ 具体见《英国专利法案》第七十 C 条第三款及其他法案对应条款。

❷ 向首要实施者发出的诉讼威胁不可起诉的规则及正当性抗辩，在《英国知识产权（恶意威胁）法案》颁布前就已经规定在 2004 年修订的《英国专利法案》中，但其他涉及恶意诉讼威胁的知识产权法案中并无相关内容。

责任的，最终责任由专业服务提供者个人承担。❶在《英国知识产权（恶意威胁）法案》于上议院的二读阶段，有议员指出：

> 当下，因诉讼威胁而承担责任者并不限于知识产权权利人；任何发出诉讼威胁者都有被起诉的风险。这意味着，专业服务提供者，如律师、注册专利代理师或商标代理人，可能要对发出的诉讼威胁承担个人责任，尽管他们是按照客户的指示行事。这会将知识产权权利人与专业服务提供者置于劣势。❷

于是，《英国知识产权（恶意威胁）法案》的起草者决定作出重要改变。根据《英国知识产权（恶意威胁）法案》修订后的《英国专利法案》第七十D 条的规定，专业服务提供者（professional advisers）是指以职业身份提供服务的律师、商标代理人或专利代理师及任何替代他们承担责任者（如专业服务提供者的雇主）。同时满足下述条件，专业服务提供者将免于承担个人责任：①该人系以律师、专利代理师、商标代理人等专业服务提供者的身份发出诉讼威胁；②在提供律师、商标代理或专利代理服务时，受一个或多个监管机构规范约束（无论是以监管机构会员身份，还是通过颁发执业许可或以其他任何方式进行规范约束）；③该人系接受委托发出诉讼威胁；④指明了委托人身份。上述条件是否满足，由专业服务提供者负责举证。《英国专利法案》第七十D 条第四款还补充指出，专业服务提供者免责并不影响追究委托人的责任。

目前，在知识产权法案中明确为专业服务提供者提供保护的国家只有澳大利亚和英国。相比较澳大利亚的知识产权法案，《英国知识产权（恶意威胁）法案》统一细化了专业服务提供者免责的具体条件，执行起来更容易。

专业服务提供者免责保护的用意在于确保他们在提供服务时能够全身心投入，消除不必要的顾虑。毕竟，一旦失去了专业服务提供者的协助，知识产权权利人在执行权利时会面临重重困难，不仅会影响纠纷解决的进度，而且

---

❶ JAMES F, *et al*. UK threats: worldwide consequences?［J］. European Intellectual Property Review, 2018, 40（2）: 77.

❷ 同❶.

会导致原本是自力纠纷解决机制的诉讼威胁引发诉讼的概率增大。正如英国 GOWLING WLG 律师事务所的研究报告指出的那样，专业服务提供者的免责保护，剥夺了潜在侵权人离间知识产权权利人与其法律团队之间关系的机会。❶

英国知识产权局在《2017 年〈英国知识产权（恶意威胁）法案〉商业指南》中，从三个方面描述了《英国知识产权（恶意威胁）法案》所要实现的目标：①在未发生侵权的情况下，保护企业和个人免遭他人滥用诉讼威胁恐吓或获得不正当商业优势的风险；②让陷入知识产权侵权纠纷的当事人更容易协商达成和解，并避免诉讼；③使规制专利、商标和外观设计恶意诉讼威胁的立法保持一致。❷

自 2018 年起至今，由 GOWLING WLG 律师事务所发布的英国年度《专利案件报告》（*A Review of Patent Cases*）仅跟踪记录到两例因专利诉讼威胁引发的诉讼［分别是 *Icescape v. Ice-World*（2020）案❸与 *Warner-Lambert v. Dr Reddy's*（2021）案❹］，这直接印证了《英国知识产权（恶意威胁）法案》规制知识产权诉讼威胁生态系统的有效性。

不过，不得不提的是，《英国知识产权（恶意威胁）法案》并无版权方面的恶意诉讼威胁规则。英国目前版权方面的基本法是 1988 年《英国版权、

---

❶ GOWLING WLG. "Light the Blue Touchpaper⋯" –20th Annual Patent Seminar［EB/OL］.（2018–01–21）［2020–09–21］. https://gowlingwlg.com/getmedia/e08d1877–f5ca–42f3–832d–823546f4db00/Gordon_Harris_Annual_Patent_Review_2017.PDF.xml.

❷《2017 年〈英国知识产权（恶意威胁）法案〉商业指南》［*The Intellectual Property (Unjustified Threats) Act 2017 Business Guidance*］，全文见：https://assets.publishing.service.gov.uk/government/uploads/system/uploads/attachment_data/file/633353/unjustified–threats–act–guidance–for–business.pdf.

❸ GOWLING WLG. A Review of Patent Cases in 2020［EB/OL］.（2021–01–26）［2021–09–21］. https://gowlingwlg.com/getmedia/edb3d9c5–8f05–4584–ba3a–89551dec3db4/210126–swing–and–roundabouts–a–review–of–patent–cases–in–2020.pdf.xml.

❹ GOWLING WLG. A Review of Patent Cases in 2021［EB/OL］.（2022–02–14）［2022–02–28］. https://gowlingwlg.com/getmedia/e80411ad–5106–4fd3–9735–0bb613c6ed24/gowling–wlg–back–to–basics–review–of–patent–judgments–2021.pdf.xml.

外观设计和专利法案》。● 该法案共有七章，第一章为"版权"，第二章为"表演权"，剩余五章依次涉及外观设计和专利。《英国知识产权（恶意威胁）法案》旨在对包括 1988 年《英国版权、外观设计和专利法案》在内的知识产权法案进行统一修订，不过对该法案的修订并未涉及第一章和第二章版权相关的内容。事实上，《英国版权、外观设计和专利法案》中的版权章节从未有过规制诉讼威胁的条款，反倒是工业产权部分较为全面地关注了这一问题。这也似乎是《英国知识产权（恶意威胁）法案》只协调专利、商标和外观设计恶意诉讼威胁立法的原因所在，毕竟在版权方面前期没有任何立法基础。相比之下，澳大利亚是从《澳大利亚版权法案》开始规制知识产权诉讼威胁，并且这部法案为所有其他知识产权法案规制相同问题奠定了基础。位于第二梯队的新西兰也是在 2008 年修订《新西兰版权法案》时加入了规制版权诉讼威胁的条款。因此，将版权法排除在外，不得不说是《英国知识产权（恶意威胁）法案》的一大缺憾。

3.3.2.4　知识产权法案与民事诉讼程序规则交相辉映

和我国一样，英国的知识产权民事案件除了在案件管辖、证据规则等方面有一些特殊规定外，也适用民事诉讼的一般规则，包括诉前行为（pre-action conduct）规范。

在英国，调整诉前行为的规范之一是《诉前行为与协议指南》（*Practice Direction on Pre-action Conduct and Protocols 2009*，PDPACP）。《诉前行为与协议指南》是最高法院颁布的《英国民事程序规则》的附件，2015 年 4月 6日开始施行，取代了 2009 年《诉前行为指南》●。《诉前行为与协议指南》旨在释明法院所期待的当事人在提起诉讼前应实施的行为及具体实施方式。具体而言，《诉前行为与协议指南》第三条要求：

> 在启动诉讼程序前，法院期待当事人已经出于以下目的充分交换了意见：
>
> …………

● *Copyright*，*Designs and Patents Act 1988*，生效时间为 1989 年 8 月 1 日。

● *Practice Direction on Pre-action Conduct 2009*，简称 PDPC。

（c）尝试通过非诉讼途径解决争议；

（d）考虑替代性争议解决方案（ADR）来帮助解决争议；

…………

就知识产权侵权诉讼而言，诉讼威胁是"通过非诉讼途径解决争议"的一个重要渠道。

《诉前行为与协议指南》第六条详细描述了为上述目的交换意见的具体步骤，一般包括：

（a）"原告"向"被告"发函，详细披露权利主张细节，具体内容包括：权利主张的基础、事实概要、原告期待从被告处获得的救济（主张金钱赔偿的，需要说明赔偿金额的计算方法，即必须阐明所主张的赔偿金额是合理的）；

（b）"被告"在合理期限内答复（对于一般案件，答复期限为十四天；特别复杂的案件，答复期限不超过三个月），答复应说明是否接受"原告"的权利主张（不接受的，应说明理由，并解释双方争议的事实和权利主张），并说明是否提出了反要求；

（c）双方披露与争议问题相关的关键文件。

《诉前行为与协议指南》作为《英国民事程序规则》附件的身份意味着它并不具有绝对强制性，即使当事人起诉前并未如《诉前行为与协议指南》所期待的那样充分交换意见，法院也不得以不符合起诉条件为由拒绝受理案件。但正如《诉前行为与协议指南》第十三条所指出的那样，如果双方将纠纷诉至法院，那么法院会视为双方已遵从了相关程序要求、充分交换了意见。没有充分交换意见的，根据《诉前行为与协议指南》第十六条，法院将根据未遵从的具体后果，确定以下惩处方式：

（a）命令过错方负担诉讼费用，或负担其他一方或多方当事人的诉讼费用；

（b）命令过错方补偿诉讼费用；

（c）如果过错方是原告，并且已经经法院裁判获得一笔金钱赔偿，命令剥夺原告就这笔金钱赔偿在特定期间内获得利息的权利，

并且 / 或要求获得较低的利息；

（d）如果过错方是被告，并且原告已经经法院裁判获得一笔金钱赔偿，命令被告就这笔金钱向原告在特定期间内支付更高的利息（但不得超过基础利率的 10%）。

通过细读《诉前行为与协议指南》条款可以清晰地看出，诉前充分交换意见的做法虽并非绝对强制性要求，但会对法官确定诉讼费用的负担及金钱赔偿规则产生直接影响。这一点与澳大利亚有相似之处，只不过澳大利亚是在联邦议会制定的法案中明确了"真诚措施声明"的要求，并且澳大利亚联邦最高法院在制定的《法庭规则》（*Rules of Court*）中根据两部联邦法案[1]确立"真诚措施声明"的形式、具体内容及提交时间限制等方面的内容[2]，而英国则是在《英国民事程序规则》的附件中提出了交换意见的要求。

本书将澳大利亚和英国规制恶意知识产权诉讼威胁的立法称为此类立法的典范，并归入第一梯队。对比分析后可以发现，两国立法各有亮点。澳大利亚的亮点在于，各知识产权法案中规制诉讼威胁的基本规则较为完备，都承袭自 1968 年《澳大利亚版权法案》，并且在最近的修订中，部分知识产权法案还创造性地引入了惩罚性赔偿规则。此外，区分对待智力成果和行政程序先行规则也比较具有创新性。英国法的亮点在于，2017 年颁布的《英国知识产权（恶意威胁）法案》完成了对主要知识产权法案中零散的诉讼威胁规则的统一修订，明确了针对不同客体确立统一规则的必要性、可行性和具体路径，这一立法进路创新极具现实意义。此外，英国该法案最终确立的不可起诉的诉讼威胁、允许的通告、诉讼威胁方抗辩事由以及专业服务提供者保护等规则，相比澳大利亚和其他代表性国家而言，更细致、全面，也更便于其他国家借鉴。

结合英国和澳大利亚主要知识产权法案中的诉讼威胁条款可以看出，经

---

[1]　分别为 1976 年《澳大利亚联邦法院法案》（*Federal Court of Australia Act 1976*）和 1999 年《联邦治安法官法案》（*Federal Magistrates Act 1999*）。

[2]　全文见：https://www.legislation.gov.au/Details/C2011A00017。

得起实践检验的诉讼威胁立法规制生态系统应当如图 3.1 所示。

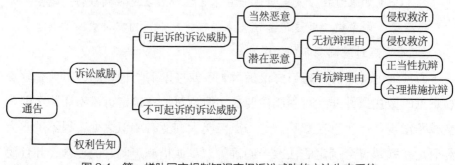

图 3.1　第一梯队国家规制知识产权诉讼威胁的立法生态系统

3.4　立法规制知识产权侵权警告之第二梯队

3.4.1　爱尔兰

因为地缘因素和历史原因，爱尔兰在立法方面一直与英国相似，规制知识产权诉讼威胁的立法也不例外。爱尔兰规制诉讼威胁的知识产权法案有三部：《爱尔兰商标法案》《爱尔兰专利法案》《爱尔兰工业品外观设计法案》。

3.4.1.1　1996 年《爱尔兰商标法案》❶

1996 年《爱尔兰商标法案》第二十四条名为"恶意侵权诉讼威胁的救济"，共五款内容，较为全面地覆盖了规制商标恶意诉讼威胁的基础规则。从这些内容，可以清晰地看到《英国商标法案》在根据《英国知识产权（恶意威胁）法案》修订前的影子。

《爱尔兰商标法案》第二十四条第一款明确了可起诉的诉讼威胁——如

---

❶　*Trade Marks Act 1996*，1996 年 7 月 1 日生效，全文见：http://www.irishstatutebook.ie/
eli/1996/act/6/enacted/en/html。

果有人指控 ❶ 相对人实施了侵犯注册商标专用权的行为，并威胁提起诉讼，那么相对人可以以恶意诉讼威胁为由起诉诉讼威胁方，并期待第二款所列的三项救济。但如果诉讼威胁指控的是相对人实施了下述三项行为，则相对人不得起诉诉讼威胁方（即英国法所称的"不可起诉的诉讼威胁"）：使用注册商标标识商品，进口使用该注册商标标识的商品，或使用注册商标标识服务。

这些不可起诉的诉讼威胁对应英国法中的"特定内容主题不可起诉"情形。所述三种行为是商标注册人执行其注册商标专用权的基础性行为，如果相对人实施了这三项行为中的一项或者多项，将是对注册商标专用权的直接侵犯，由此给商标注册人造成的损失是直接、巨大的。因此，立法者认为商标注册人有权通过发出诉讼威胁来制止这些直接侵权行为，未取得预期效果的，商标注册人还可以进一步起诉相对人商标侵权。

《爱尔兰商标法案》第二十四条第二款明确了三类具体的救济方式，即：①关于诉讼威胁为非正当性的宣告；②禁止继续发出诉讼威胁的禁令；③因诉讼威胁遭受任何损失的赔偿。这三种救济方式在英美法国家规制诉讼威胁的知识产权法案中已经是共识。

《爱尔兰商标法案》第二十四条第三款为诉讼威胁方的免责情形——正当性抗辩，即被告（诉讼威胁方）能证明其诉讼威胁针对的行为构成了对相关注册商标专用权的侵犯，或一旦实施将构成侵权。否则，原告（相对人）有权获得第二款所列诸项救济。

《爱尔兰商标法案》第二十四条第四款规定，尽管有第三款之规定，如果原告（相对人）能证明注册商标无效或依法应当被撤销的，那么原告依然有权获得第二款所列的诸项救济。注册商标无效或依法应被撤销的，诉讼威胁方所主张的权利便成了无本之木，自然也就不会存在侵犯注册商标专用权的情形。

根据《爱尔兰商标法案》第二十四条第五款，如果只是通告对方一个商

---

❶　1996 年《爱尔兰商标法案》并未明确诉讼威胁的具体发出方式。

标标识已被注册或已提出注册申请，则该通告并非诉讼威胁。该款规定的是英国法所称的"允许的通告"或澳大利亚法所称的"权利告知声明"。不过，和澳大利亚一样，爱尔兰的几部知识产权法案从未对此类"通告"进行进一步界定。

之所以说从《爱尔兰商标法案》第二十四条可以看到《英国商标法案》影子，是因为二者在内容上具有太多相似性。此处以不可起诉的诉讼威胁为例，在《英国商标法案》因《英国知识产权（恶意威胁）法案》修订前，名为"因恶意侵权诉讼威胁提起诉讼的救济"的第二十一条第一款共列举了三类不可起诉的诉讼威胁：①自己或致使他人将注册商标标识用于商品或商品包装上；②为处置目的，进口贴有注册商标标识的商品或包装上贴有注册商标标识的商品；③使用注册商标标识提供服务。《英国知识产权（恶意威胁）法案》颁布后，将商标诉讼威胁中不可起诉的情形"发扬光大"，在"特定内容不可起诉"情形之外，新增了"特定相对人不可起诉"情形。

3.4.1.2　1992年《爱尔兰专利法案》●

1992年《爱尔兰专利法案》第五十三条名为"恶意侵权诉讼威胁的救济"，共有四款内容。

第一款规定，如果有任何人（无论是否对一项专利享有某种权益）通过通告函、公告或其他方式，以提起专利侵权诉讼威胁他人，任何因此遭受损失的一方均可以向法院起诉诉讼威胁方，以期获得第二款所规定的任何救济。

第二款将诉讼威胁方免责情形和相对人可期待的救济措施放在一起。根据第二款规定，诉讼威胁方免责的事由是"被告（诉讼威胁方）能证明其诉讼威胁针对的行为构成了专利侵权，或一旦实施将构成专利侵权"。否则，原告（相对人）有权获得下述救济：①关于诉讼威胁不具有正当性的宣告；②禁止继续发出诉讼威胁的禁令；③获得因诉讼威胁所遭受损失的赔偿。

第三款内容为诉讼威胁不可起诉的情形，明确了"针对为处置目的制

● *Patents Act 1992*，1992年8月1日生效，法案全文见：http://www.irishstatutebook.ie/eli/1992/act/1/enacted/en/html。

造、进口专利产品或使用专利方法等行为发出的诉讼威胁,不得根据本条提起诉讼"。《爱尔兰专利法案》第五十三条对内容进行过一次实质性修订,修订的主要内容之一是将不可起诉的诉讼威胁由一类扩大为两类,新增加了第二类:如果有人为处置目的,除制造、进口专利产品或使用专利方法外,还实施了与产品专利或方法专利有关的其他任何行为,如许诺销售行为,专利权人针对此等其他任何行为发出的诉讼威胁不可起诉。这一修订使得《爱尔兰专利法案》中不可起诉的诉讼威胁类型向《英国专利法案》看齐。不过,英国的几部知识产权法案经由《英国知识产权(恶意威胁)法案》统一修订后,专利、商标和外观设计方面的诉讼威胁规则趋于统一,包括不可起诉的诉讼威胁类型在内。爱尔兰只是在《英国专利法案》中将不可起诉的诉讼威胁范围扩大到两类,其他知识产权法案未有变化。

第四款旨在区分诉讼威胁与权利通告——如果只是通告对方存在一项专利权或者已提出一项专利申请,该通告本身并不构成诉讼威胁。

3.4.1.3　2001 年《爱尔兰工业品外观设计法案》[●]

2001 年《爱尔兰工业品外观设计法案》第五十六条名为"恶意诉讼威胁",共有五款内容。

第一款规定,如果一方(无论是否是一项外观设计的登记所有者,或者是对一项外观设计享有某种权益者)通过通告函、公告或其他方式,威胁他人提起侵权诉讼,因诉讼威胁遭受损失的一方(无论其是否是相对人),均可以起诉诉讼威胁方,以期获得第三款所列的各项救济。

第二款规定了诉讼威胁方的免责情形,即被告能证明其诉讼威胁针对的行为构成工业品外观设计侵权,或者一旦实施将构成工业品外观设计侵权,并且原告未能证明登记的工业品外观设计无效,则诉讼威胁方不承担责任。否则,原告(相对人)有权获得救济。

第三款规定了三种救济方法,与其他知识产权法案并无差异。

[●] *Industrial Designs Act 2001*,2002 年 7 月 1 日生效,法案全文见:http://www.irishstatutebook. ie/eli/2001/act/39/enacted/en/print.html。

第四款则区分了诉讼威胁与权利告知行为，同样明确了如果只是通告对方存在一项已登记的工业品外观设计，则不构成诉讼威胁。

第五款规定，"受损害方"不包括制造或进口任何工业品外观设计产品的一方。这与《爱尔兰专利法案》第五十三条第三款的思路一致，即针对制造或进口使用工业品外观设计的商品等行为发出的诉讼威胁属于不可起诉的情形。

由于爱尔兰采取的是分散型立法规制模式，而且修法进度缓慢，所以出现了三个问题：第一，爱尔兰只有上述三部知识产权法案中有明确的诉讼威胁条款，其他知识产权法案中并没有相关内容，如《爱尔兰植物新品种（专有权利）法案》《爱尔兰版权与相关权法案》都没有相关内容。这一现状也与英国比较相似。第二，明确规定诉讼威胁条款的三部知识产权法案中的规则并不同步。例如，前面提到的不可起诉的诉讼威胁类型中，只有《爱尔兰专利法案》在修订后从一类扩大到两类，其他两部知识产权法案依然只有第一类。相比之下，英国通过一部法案对主要知识产权法案进行修订的优势立刻凸显出来。第三，由于现有知识产权法案中的诉讼威胁条款的最后一次修订发生在很多年前，所以在本领域其他国家最新的立法经验未在爱尔兰立法中得到任何体现。

3.4.2　新西兰

新西兰规制知识产权诉讼威胁的立法也属于第二梯队。新西兰知识产权法案虽明确对恶意诉讼威胁进行规制，但由于也采取了分散型立法规制模式而导致如下问题：一方面，并不是所有知识产权法案都对诉讼威胁进行了规制；另一方面，不同知识产权法案中应对诉讼威胁规则的成熟程度不一样。因此，新西兰和其他第二梯队成员一样，相关立法在创新性上不如澳大利亚，在统一性上逊色于英国。目前，新西兰主要知识产权法案中，只有《新西兰版权法案》和《新西兰外观设计法案》对诉讼威胁进行了明确规制。

3.4.2.1　1994 年《新西兰版权法案》❶

1994 年《新西兰版权法案》中的诉讼威胁条款是第一百一十二 A 条，该条系《新西兰版权（新技术）修订法案》❷于 2008 年 10 月 31 日新增加的内容。《新西兰版权法案》第一百一十二 A 条的标题是"因错误❸主张版权归属或许可而产生的损害赔偿"，共有两款。其中，第一款明确了其适用情形是：

（a）有人错误地宣称自己是一件文学、戏剧、音乐或艺术作品或录音制品或电影作品的版权人，或错误地宣称自己获得了前述版权人或其代理人的许可授权；并且

（b）该人为阻止表演或向公众传播上述作品、录音制品或电影作品（本条称之为"事件"），或为了就上述行为索要赔偿，威胁提起诉讼或已提起诉讼；并且

（c）由于该诉讼威胁或已提起的诉讼，导致前述事件未发生。

细读《新西兰版权法案》第一百一十二 A 条第一款可以发现，必须同时满足三个条件，受损害方才能主张救济：首先，争议的权利缺乏正当性基础。具体而言，威胁起诉或已提起诉讼的一方既非真正的知识产权权利人，也未获得知识产权权利人本人或代理人的许可授权，由此可以认定，该行为人威胁起诉或已提起诉讼的行为具有主观上的恶意。其次，该行为人实施了威胁起诉或已提起诉讼等错误主张权利的行为。最后，由于该行为人威胁起诉或已提起诉讼，导致所述作品、录音制品、电影作品的表演或向公众传播未能发生，给他人造成了损失。根据一百一十二 A 条第二款，当同时满足以

---

❶ *Copyright Act 1994*，1995 年 1 月 1 日生效，法案全文见：https://www.legislation.govt. nz/act/public/1994/0143/latest/DLM345634.html。

❷ *Copyright（New Technologies）Amendment Act 2008*，主要条款的生效时间是 2008 年 10 月 31 日，法案全文见：https://www.legislation.govt.nz/act/public/2008/0027/latest/whole. html#DLM1122643。

❸ 《新西兰版权法案》第一百一十二 A 条并未使用英国法或澳大利亚法使用的"groundless"或"unjustified"，而是使用了"falsely"（即"错误"）。这与我国《电子商务法》第四十二条第三款规定的"因通知错误造成平台内经营者损害的，依法承担民事责任"的措辞类似。

上条件，三方主体可以向该人提出赔偿要求，分别是：相对人（威胁提起诉讼情形）、被告（已提起诉讼情形）和其他因此遭受损失者。

从以上解读可以发现，《新西兰版权法案》第一百一十二 A 条对诉讼威胁的规制呈现出如下特点：一是将恶意诉讼威胁和恶意诉讼这两种恶意利用知识产权的行为混合在一起；❶二是条文本身较为抽象空洞，缺乏对诉讼威胁的界定及恶意诉讼威胁的认定标准、免责事由和救济措施等具体规则。

3.4.2.2　1953 年《新西兰外观设计法案》❷

1953 年《新西兰外观设计法案》第三十四条名为"恶意侵权诉讼威胁的救济"，共三款内容。

第一款规定，任何一方（无论是否对一项登记外观设计或者外观设计登记申请享有某种权益）通过通告函、公告或其他形式，威胁以侵犯登记外观设计的版权为由起诉任何人的，任何因此遭受损失的一方均可以起诉该诉讼威胁方，以获得第二款规定的各项救济。

第二款规定，在依据本条提起的任何诉讼中，除非被告（诉讼威胁方）能证明其诉讼威胁针对的行为侵犯了其登记外观设计（前提是该登记外观设计没有被原告 / 相对人证明为无效）的版权，或一旦实施将构成版权侵权，否则，原告将有权获得如下救济：①关于诉讼威胁不具有正当性的宣告；②禁止继续发出诉讼威胁的禁令；③因诉讼威胁所遭受损失（如果有）的赔偿。

第三款规定，如果只是通告对方一项外观设计已经登记，则不构成诉讼威胁。该款旨在区分权利告知行为与诉讼威胁，但并没有从内容和目的角度，进一步界定不属于诉讼威胁的"通告"。

此外，2002 年《新西兰商标法案》和 1994 年《新西兰集成电路布图设计法案》中有关于恶意诉讼的条款，但未关注到恶意诉讼威胁。

新西兰知识产权法案中的诉讼威胁条款主要存在以下问题：

---

❶ 事实上，这也是第一梯队和其他梯队国家的区别之一：第一梯队国家将恶意利用知识产权的行为区分为恶意诉讼和恶意诉讼威胁。

❷ *Designs Act 1953*，1955 年 1 月 1 日生效，法案全文见：https://www.legislation.govt.nz/act/public/1953/0065/latest/DLM281071.html。

第一，修订速度较慢，没有吸纳本领域的最新立法成果。新西兰知识产权法案对诉讼威胁的最后一次回应是《新西兰版权法案》在 2008 年 10 月 31 日修订时加入了第一百一十二 A 条。

第二，由于并非同步修订，目前只有《新西兰版权法案》和《新西兰外观设计法案》对诉讼威胁明确进行了规制，而《新西兰商标法案》和《新西兰集成电路布图设计法案》缺乏对恶意诉讼威胁的关注。其他知识产权法案，包括《新西兰专利法案》和《新西兰植物新品种法案》均完全忽略了恶意利用知识产权的行为。

第三，在内容上缺乏系统性，缺乏诸如专业服务提供者免责、特定诉讼威胁不可起诉等重要内容。此外，《新西兰版权法案》第一百一十二 A 条将威胁提起诉讼或已提起诉讼作为受损害方主张救济的三个前提条件之一，但《新西兰版权法案》并未对何谓"威胁提起诉讼"进行定义，核心内容的缺失及已有内容的粗线条设计必然会增加实施的难度。更为重要的一点是，新西兰知识产权法案中的诉讼威胁条款缺乏鼓励知识产权权利人通过诉讼威胁来协商解决知识产权侵权纠纷的保障和引导机制。

3.5　立法规制知识产权侵权警告之第三梯队

3.5.1　马来西亚

马来西亚于 2019 年 11 月颁布了《马来西亚商标法案》[1]，于同年 12 月生效。该法案废除了 1976 年《马来西亚商标法案》，旨在为马来西亚加入商标国际注册马德里体系做准备。[2] 在马来西亚所有知识产权法案中，《马来西亚

---

[1] *Malaysia Trademarks Act 2019*，法案全文见：https://wipolex.wipo.int/en/text/547329。
[2] AMY C. Malaysia's New Trademarks Act 2019［EB/OL］.（2019-07-25）［2022-03-02］. https://www.spruson.com/trade-marks/malaysias-new-trademarks-act-2019/.

商标法案》是该国第一个也是目前唯一一个引入"恶意诉讼威胁"概念的知识产权法案。该法案在第八章"注册商标的效力"第二节"商标侵权"之下的第六十一条共设计了六款内容。

第一款明确除三种情况外，如果有人威胁提起注册商标专用权侵权诉讼，受损害方可以起诉诉讼威胁方，以获得救济。这等于是指明了相对人作为受损害方可以以侵权为由追究恶意诉讼威胁方民事责任的路径。

不过，为平衡知识产权权利人（诉讼威胁方）和相对人之间的利益关系，确保一方面知识产权权利人有权通过包括发出通知、公告或律师函等方式来维护自己的权利，另一方面相对人或其利害关系人也有权避免遭受除诉讼以外的方式干扰●，该款还同时明确了针对以下三种行为之一发出的诉讼威胁不可起诉：①将商标用于标识商品，或用于或准备用于商品标签或包装材料上；②进口使用商标标识的商品或包装上使用商标标识的商品；③以商标提供服务。

第二款明确规定了三种救济方式，与其他英美法国家针对恶意诉讼威胁的救济方式一脉相承，分别为：①关于诉讼威胁不具有正当性的宣告；②禁止继续发出诉讼威胁的禁令；③以及相对人遭受损失的赔偿。

第三款为诉讼威胁方免责事由——正当性抗辩，即如果被告（诉讼威胁方）能证明其诉讼威胁针对的行为构成（或一旦实施将构成）对注册商标专用权的侵犯，那么原告（相对人）将无法获得前述各类方式的救济。

第四款是对第三款设置的一项例外：即便被告（诉讼威胁方）能证明其诉讼威胁针对的行为构成（或一旦实施将构成）对注册商标专用权的侵犯，只要原告（相对人）能证明注册商标无效或因某种原因应被撤销，那么原告（相对人）依然可以期待获得前述救济。

第五款则明确了仅告知一件商标已经注册或已提出注册申请的"权利告知声明"，不构成诉讼威胁。

● 引自 *Han's（F&B）Pte Ltd. v. Gustimo World Pte Ltd.（2015）* 案判决书，全文见：https://www.supremecourt.gov.sg/docs/default-source/module-document/judgement/2015-SGHC-39.pdf。

第六款明确了专业服务提供者的免责情形，即律师发出诉讼威胁的，不得依据该条追究责任，但前提是律师是以专业服务提供者的身份代表当事人发出诉讼威胁。该款虽然对专业服务提供者免责情形进行了明确规定，比澳大利亚的立法细致，但仍旧不如《英国知识产权（恶意威胁）法案》完善。

总的来说，《马来西亚商标法案》第六十一条关于商标恶意诉讼威胁的六款内容比较全面，融合了第一梯队两个代表国家规制知识产权诉讼威胁的具体措施。但该法案的颁布也同时意味着马来西亚踏上了类似于澳大利亚和英国刚开始立法规制知识产权诉讼威胁时所走的、经实践反复证明存在诸多显著问题的老路，那就是选择了分散型立法模式，因此也免不了会遭遇澳大利亚目前急于解决和英国刚刚通过一部统一法案解决的诸多问题。这一问题恰恰是我国在迈出立法规制知识产权侵权警告第一步时应特别注意避免的。

3.5.2　加拿大

加拿大规制恶意诉讼威胁的立法努力主要体现在《加拿大商标法案》和《加拿大竞争法案》❶中。1985 年《加拿大商标法案》第三节"不正当竞争与禁用标识"第七条规定，任何人不得"作出旨在破坏竞争对手商誉、产品或服务的虚假或误导性陈述"。

不难看出，该条款是对《巴黎公约》第十条之二的回应，并且与《加拿大竞争法案》第七十四条之一第一款密切关联。❷ 该条并非单独指向商标诉讼威胁，而是覆盖了所有可能会破坏竞争对手商誉、产品或服务的虚假或误导性的陈述。该条表明，受损害方如果要想获得赔偿，必须要证明有人作出

---

❶　*Competition Act 1985*，最后修订时间为 2020 年 7 月 1 日，法案全文见：https://laws-lois.justice.gc.ca/eng/acts/c-34/FullText.html。

❷　根据《加拿大竞争法案》第七十四条之一第一款，如果有人从事了应受审查的行为，为了直接或间接提升产品的供货或使用，或通过任何方式直接或间接提升任何商业利益，而向公众作出了在实质上错误或具有误导性的陈述，则属于"欺诈性市场操作"（deceptive marketing practices）。

了虚假或误导性的陈述，作出该虚假或误导性陈述的目的在于破坏竞争对手的商誉、产品或服务，并且受损害方因此遭受了损失。

在实践中，面对来自商标注册人虚假或误导性的陈述，商标注册人的权利后来被认定无效或相关权利自始不存在的，虚假或误导性陈述的相对人只要能够同时具备上述三个要素，便可依据《加拿大商标法案》第五十三条之二"法院颁布救济的权力"第一款要求获得赔偿：

> 如果经利益相关人申请，法院认为有任何行为违反了本法案，则法院有权视情况颁布任何命令进行救济，包括禁令、损害赔偿或退还收益、惩罚性赔偿、销毁或以其他方式处置任何侵权物品、包装、标签和宣传材料以及任何用于制造侵权物品、包装、标签或宣传材料的设备。

第五十三条之二第一款提供的救济方式较多，甚至提及了惩罚性赔偿，比《澳大利亚植物品种培育者权利法案》和《澳大利亚外观设计法案》中的惩罚性赔偿规则还要早确立四年。● 不过，《加拿大商标法案》中的惩罚性赔偿规定并非仅针对虚假或误导性陈述，没有对适用惩罚性赔偿的前提条件提供任何参考依据，也没有任何量化标准，操作难度远高于澳大利亚的两部法案——后两者虽然也未提出具体的量化标准，但至少明确了法官在确定惩罚性赔偿时的参考要素。此外，《加拿大商标法案》未使用"诉讼威胁"或类似表述，更未像英国或澳大利亚那样明确界定诉讼威胁的概念、恶意诉讼威胁判断标准、救济渠道与救济措施、免责事由等，因此不具有系统性。此外，加拿大其他知识产权法案也未有任何涉及诉讼威胁的内容。

3.5.3　德国

德国虽然只有著作权法就诉讼威胁作出了较为笼统的规定，但其中的"警告"规则非常值得关注。

● 《加拿大商标法案》中的惩罚性赔偿规定系 2014 年 12 月修订时增加的内容，生效时间为 2014 年 12 月 9 日。

《德国著作权与相关权法》❶第九十七条名为"要求停止侵权和索要赔偿的权利"。该条规定，任何侵犯该法保护的著作权或相关权者，受损害方可要求消除侵权；有再次侵权可能的，受损害方可请求法院禁止侵权人再次侵权；首次出现侵权风险的，受损害方也有权禁止侵权人将来继续实施侵权。《德国著作权与相关权法》于 2013 年 10 月修订，在第九十七条后新加了名为"警告"❷的第九十七 A 条，共四款内容。

第一款规定，到法院提起侵权诉讼前，受损害方应先向侵权人发出警告，并给予侵权人与之协商解决争议的机会，由侵权人根据达成的协议承担停止侵权并支付合理赔偿等责任。《德国著作权与相关权法》设置先警告、后起诉的程序，这表明德国立法者已经充分认识到了侵权警告相比较侵权诉讼的优势，与英国最高法院《诉前行为与协议指南》中的"诉前交换意见要求"和《澳大利亚民事纠纷解决法案》中的"真诚措施声明"要求有相似之处，非常具有创新性。

第二款对"警告"的内容提出了具体要求，目的在于划定警告合法性的边界。这些内容要求包括：①表明身份——如果警告方并非知识产权权利人本人，而是代表知识产权权利人发出警告的，须明确说明知识产权权利人的姓名或名称；❸②描述所主张的侵权事实；③将权利主张分解为损害赔偿和费用补偿；④警告提出与侵权人达成停止侵权方案请求的，须说明所提出的侵权人责任承担方案是否大大超出了所警告的侵权范围。换句话说，知识产权权利人必须说明其提出的停止侵权方案是合理的。该款最后还明确，如果警告内容不符合上述要求，则该警告无效。

---

❶ *Act on Copyright and Related Rights*，于 1965 年 9 月 9 日颁布，最后修订时间为 2018 年 11 月 28 日，法案英文版本见：https://www.gesetze-im-internet.de/englisch_urhg/index.html。

❷《德国著作权与相关权法》德文原文第九十七 A 条的标题为"Abmahnung"，该词语中文意思有"警告""提醒"和"警告函"；官方提供的英文版本第九十七 A 条的标题是"Notification"（即"通知"或"通告"），但从第九十七 A 条具体内容来看，更接近我国相关司法解释和裁判文书中的"警告"。

❸ 与《英国专利法案》第七十 D 条关于专业服务提供者免责的前提条件之一"需证明……有关人等作为专业服务提供者的身份"相一致。

第三款规定了因制作和发送制止侵权警告所产生费用的负担规则，即如果警告具有正当性，并且符合第二款所列的四项内容要求，由此产生的合理费用知识产权权利人有权要求被警告人负担。警告方利用法律服务的，被警告人支付的必要费用应限于根据制止侵权所救济的标的价值大小确立的法定费用。

考虑到知识产权权利与侵权行为之间界限的模糊性，同时也考虑到警告可能会被知识产权权利人滥用来攻击竞争对手，甚至出现扼杀创新、危害交易安全的后果，该条第四款规定，如果警告缺乏合法性或被认定无效，那么被警告人有权要求警告方赔偿被警告人为维护自身权益所支出的合理费用，除非警告方能证明其在发出警告时并未认识到该警告缺乏合法性基础。第四款在内容方面具有很大的局限性。例如，该款仅仅提到如果警告不具有正当性，那么被警告人只有权要求警告方赔偿被警告人因维护自身权益所产生的合理费用，对于恶意发送警告的情形没有任何威慑措施，也没有提及其他救济方法。

可以看出，新增加的第九十七 A 条分别确立了警告作为著作权侵权诉讼的前置程序、警告内容合法性要件以及警告费用的负担规则。第九十七 A 条没有明确恶意警告的法律性质。不过，根据相关判例❶，德国联邦最高法院认为，商标权方面无中生有的警告函和其他知识产权警告函一样，会导致警告方因干扰他人正常经营活动而被要求根据《德国民法典》第二十七编"侵权编"承担损害赔偿责任。《德国民法典》第二十七编第八百二十三条"赔偿责任"第一款规定："任何人因故意或过失，非法伤害他人生命、身体、健康、自由、财产或其他权利的，将向他人赔偿因此造成的损失。"从判例来看，德国司法机关倾向于认为恶意发送警告的行为伤害了他人的"其他权利"。这样，被警告人便可以以侵权为由，要求警告方承担侵权赔偿责任。

除了以上三个梯队成员外，大部分国家目前主要依据反不正当竞争法和一般的侵权法与民事诉讼法规制恶意诉讼威胁行为，下面以瑞士为例。

---

❶ 德国联邦最高法院民事庭判例 GSZ 1/04，2005 GRUR 882 urnberechtigte Schutzrechtsverwarnung 2006 IIC 94 "Warning Letter"。

《瑞士联邦反不正当竞争法案》❶第二条❷承袭了《巴黎公约》第十条之二第二款，宣告了一切具有欺骗性或以任何其他方式违反诚信原则、影响竞争者之间或者供货商与客户之间关系的行为或商业操作的非正当性，并在第三条仿效《巴黎公约》第十条之二第三款，规定了十二项具有代表性的不正当竞争行为，与知识产权相关的是（a）项和（b）项：

（a）发表不实、误导性或无端诽谤的言论，诋毁他人、他人商品、工厂、服务、价格或商业环境；

（b）发表有关自己、自己企业、商号、商品、工厂、服务、价格、存货或商业环境的不实或误导性言论，或通过这些陈述，利于一方而伤害竞争者的利益；

由此可见，瑞士仅在反不正当竞争法中比较笼统地提及了发表不实、误导性或无端诽谤性的言论以诋毁他人的行为属于不正当竞争行为。

3.6 域外规制知识产权侵权警告立法的发展趋势及存在的问题

3.6.1 域外规制知识产权侵权警告立法的发展趋势

通过对上述以英美法国家为主体的三个梯队代表性国家规制知识产权诉讼威胁立法的分析，可以发现本领域立法的未来发展趋势。

---

❶ *Federal Law on Unfair Competition*，法案全文见：https://www.wipo.int/edocs/lexdocs/laws/en/ch/ch016en.pdf。

❷《瑞士联邦反不正当竞争法案》第二条规定："一切具有欺骗性或以任何其他方式违反诚信原则、影响竞争者之间或者供货商与客户之间关系的行为或商业操作都是不正当和非法的。"

3.6.1.1 分散型立法逐步趋向统一

在没有成熟经验供借鉴的背景下，有关国家在立法中尝试从零开始规制知识产权诉讼威胁这一问题时，一般都不得不选择分散型立法模式。毕竟，"知识产权法只是松散的法律集群，而不是严密的法律体系"。❶ 在这一点上，无论是最早的立法尝试（1883 年《英国专利、外观设计和商标法案》），还是最新的立法尝试（2019 年《马来西亚商标法案》），概莫能外。

分散型立法模式作为一种稳中求进的立法进路，其优势是风险较小，但分散型立法模式时间成本较高，而且会给正当利用诉讼威胁带来困惑，因诉讼威胁引发的大量诉讼纠纷难免会给司法机关带来沉重的负担。例如，澳大利亚目前只有《植物品种培育者权利法案》和《外观设计法案》确立了恶意诉讼威胁的惩罚性赔偿制度，在未来修订其他知识产权法案时，澳大利亚立法者必然会考虑加入惩罚性赔偿条款。但这意味着将耗费大量的时间成本，并且即便是不同知识产权法案中确立了相关规则，规则的成熟程度也难以统一。

相比较而言，英国通过一部法案来为不同知识产权客体确立统一规则，是一种相对高效的方法，可以在很大程度上解决类似于澳大利亚现如今由于通过分步修订不同知识产权法案所产生的规则不统一、成熟程度差异化等问题。并且，一部统一法案能去繁就简，进一步确保相关措施的可实施性。

虽然在这方面只有英国一个先例，但这个先例的示范作用不容忽视，因为它可以化解几乎所有国家现在面临的困局。很多国家目前对知识产权诉讼威胁的关注程度及现有的立法努力远不及澳大利亚，因此对分散型立法模式所带来的诸多问题以及解决这些问题的紧迫性，尚无清晰和强烈的认识。但从长远来看，英国的统一修订模式向人们展示了统一相关立法的可能性及潜在优势。其他国家虽然不一定能直接复制英国模式，但可以基于英国的成功先例，在统一相关立法方面作出适合本国国情的立法尝试。

---

❶ 孙芳华，陶鑫良. 民法典中知识产权星光闪耀［N］. 中国知识产权报，2020-06-24（1）.

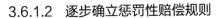

3.6.1.2　逐步确立惩罚性赔偿规则

打击恶意诉讼威胁的惩罚性规则首次出现在 1985 年《加拿大商标法案》，不过该法案中的惩罚性赔偿规则并非仅针对恶意诉讼威胁，而是针对一切旨在破坏竞争对手商誉、产品或服务的虚假或误导性的陈述。《澳大利亚植物品种培育者权利法案》和《澳大利亚外观设计法案》中涉及恶意诉讼威胁的惩罚性赔偿条款均是在 2018 年修订新加。惩罚性赔偿规则对于遏制恶意诉讼威胁、维护交易安全均有重要意义。预计未来会有越来越多的国家在规制诉讼威胁的立法中引入惩罚性赔偿规则。

3.6.1.3　行政程序先行规则

诉讼威胁是一种权利维护的呼吁机制[1]，但发布通知、公告或寄送律师函会给相对人正常的生产经营活动带来不便，甚至危及交易安全。澳大利亚立法要求，对于特定客体，知识产权权利人向潜在侵权人发布通知、公告或寄送律师函之前，必须先完成相关的行政程序要求（如商标的登记注册要求、外观设计与创新专利的审查要求），否则其发出的诉讼威胁将立刻被法院定性为恶意诉讼威胁。要求含金量较低的智力成果知识产权权利人在发出诉讼威胁之前先履行一定的行政程序，一方面可以敦促知识产权权利人在发出诉讼威胁之前三思而后行，另一方面也便于识别当然恶意的诉讼威胁，降低司法机关处理恶意诉讼威胁所引发诉讼和相对人维权的难度。

3.6.1.4　区分对待智力成果

区分对待智力成果方面最明显的示例是《澳大利亚专利法案》区分对待标准专利与创新专利。对于标准专利，如果知识产权权利人能够证明其诉讼威胁针对的行为的确侵犯了专利权，或一旦实施将侵犯专利权，那么知识产权权利人对发出诉讼威胁不承担责任；而如果创新专利没有经过实质审查，知识产权权利人便发出诉讼威胁，相对人如果起诉诉讼威胁方，该诉讼威胁一定会被定性为恶意诉讼威胁。区分对待智力成果的做法与行政程序先行

---

[1]　谢晓尧. "倾听权利的声音"：知识产权侵权警告的制度机理［J］. 知识产权：2017（12）：30.

原则相互配合，直接目的在于避免质量较低的智力成果成为恶意诉讼威胁的工具。

3.6.1.5 知识产权法与民事程序规则密切配合

在前面提到的三个国家（英国、澳大利亚和德国）里，知识产权法案与民事程序规则联袂出击，分工明确。

知识产权法案主要负责明晰诉讼威胁的认定标准、恶意诉讼威胁救济渠道和具体救济措施，并以直接或间接保护知识产权权利人与专业服务提供者的方式，引导、鼓励知识产权权利人通过诉讼威胁来发现和化解纠纷。

民事程序规则中提交真诚措施声明要求（澳大利亚）、诉前交换意见要求（英国）或警告要求（德国），将诉讼威胁或侵权警告上升为提起知识产权侵权诉讼前必须采取的半强制性措施，辅以要求原告及其代理人负担部分诉讼费用的经济调节杠杆，进一步强化了诉讼威胁或侵权警告作为诉讼解决知识产权侵权纠纷前置程序的地位。

3.6.2 域外规制知识产权侵权警告立法存在的问题

通过对比分析可以看出，各国不断在规制知识产权诉讼威胁的立法进路和具体措施上取得突破的同时，也普遍存在一些问题。

首先，各国对恶意诉讼威胁危害的认识并不统一。这也是导致本书将它们分为三个梯队的原因之一。英国和澳大利亚的立法意识最强烈，所进行的立法努力也最早、最全面。除了这两个国家，其他一些国家（如新西兰、爱尔兰）也做了一些努力，但仍有很大空间亟待立法填补。此外，马来西亚、加拿大和德国也开始着手通过立法规制恶意诉讼威胁。其他英美法国家及绝大部分大陆法传统国家则依然寄希望于反不正当竞争法、侵权法、民事诉讼法的一般规则来规制不当利用知识产权行为。

其次，由于几乎所有国家采取的是分散型立法模式，导致与不同知识产权客体相关的诉讼威胁规制措施并不同步。尤其有很多国家虽然在商标法案、登记外观设计法案里明确规定了规制针对这些客体的诉讼威胁，但却在版权法案，甚至是专利法案中没有对应的规定。表 3.1 从知识产权客体和立法规制的具体措施两个方面，展示了三个梯队国家规制诉讼威胁立法的差异性。

表 3.1　代表性国家规制知识产权诉讼威胁的立法对比 ❶

梯队	国别	知识产权客体						侵权警告含义	（不）可起诉的诉讼威胁	允许的通告	救济措施	警告方抗辩或免责事由	专业服务提供者免责	惩罚性赔偿	警告作为诉讼前置程序
		版权	专利	商标	外观设计	植物品种	集成电路布图设计								
第一梯队	英国	×	√	√	√	×	×	√	√	√	√	√	√	×	×
	澳大利亚	√	√	√	√	×	×	√	√	×	√	√	√	∕	√
第二梯队	新西兰	√	×	×	√	×	×	√	√	×	×	×	×	×	×
	爱尔兰	×	√	√	√	×	×	∕	√	×	×	√	×	×	×
第三梯队	马来西亚	√	×	×	×	×	×	√	√	√	√	√	√	×	×
	加拿大	×	×	√	×	×	×	√	√	×	×	×	×	×	×
	德国	√	×	×	×	×	×	√	√	×	×	×	×	×	∕

3.7　小　结

本章对三个梯队的代表性国家立法规制知识产权诉讼威胁的经验和教训进行了历史回顾和对比分析，重点关注了第一梯队的英国和澳大利亚，特别是立法规制知识产权诉讼威胁的进路和内容上的演变。由于各国知识产权

---

❶ "∕" 表示该国不同知识产权法案在这一内容上存在差异。

立法固有的差异，以及各国对立法规制知识产权诉讼威胁问题重视程度的不同，加之知识产权诉讼威胁问题与生俱来的复杂性，各国在立法规制知识产权诉讼威胁方面有共识也有差异，有成功的经验，也有困惑。但总的来说，依然可以从各国立法中窥视出这一领域立法的未来发展趋势。

第 4 章

我国立法规制知识产权侵权
警告的最简方案

英国通过一部法案对多部知识产权法案进行统一修订的立法进路，澳大利亚在具体规制措施上的创新，多国确立的、经得起实践检验的生态系统，以及其他国家（如马来西亚）迈出第一步时面临的巨大风险，这些都是我国在现有基础上建立规制知识产权侵权警告的立法生态时需要甄别借鉴或者规避的。

基于对我国规制知识产权侵权警告法律现状和司法实践的认识，本书认为，我国应当积极借鉴域外经验，在辩证看待知识产权侵权警告功能和风险的基础上，遵循利益平衡、最简方案等原则，构建我国规制知识产权侵权警告的立法生态系统。

4.1 我国知识产权侵权警告立法的指导原则

4.1.1 利益平衡原则

利益平衡原则是指知识产权规则的制定应当充分考虑到平衡各方当事人的利益——知识产权制度首先是"国家平衡知识产权权利人的垄断利益与社会公众接近知识和信息的公众利益以及在此基础之上更广泛地促进科技、文化和经济发展的社会公共利益关系的制度安排"。❶利益平衡价值在各国知识产权法案，特别是著作权和专利法案中均有充分体现，如保护期限限制、合理使用制度、法定许可与强制许可、信息公开制度等。

---

❶ 冯晓青. 知识产权法的价值构造：知识产权法利益平衡机制研究［J］. 中国法学，2007（1）：68.

但是，从 20 世纪 80 年代起，知识产权制度的利益平衡价值不断遭受挑战，利益不平衡现象越来越严峻：一是社会公众获取知识和信息的可能性面临越来越多的障碍，如知识产权保护期越来越长，用户利用知识产品的限制越来越多；二是进一步创新的努力受到阻碍，除了知识产权权利人设置的技术障碍外，进一步创新的努力还常面临形式多样的知识产权风险❶，隐现着知识产权权利人滥用权利的危机。❷很多时候，知识产权权利人在获得一项知识产权后，自己并不实施，也不通过许可、转让或放弃权利的方式准许他人实施，而是将所获得的知识产权作为恶意发送侵权警告的工具，利用知识产权诉讼技术性强、成本高及被警告人、被警告人的利害关系人的畏惧心理，逼迫对方就范。知识产权权利人滥用侵权警告的行为，动摇了知识产权制度底层的利益平衡价值。

在知识产权侵权警告立法中秉持利益平衡原则，意味着要平衡警告方与被警告人、被警告人与利害关系人、知识产权权利人与以专业服务提供者身份出现的专利代理师、商标代理人、律师等多方参与主体之间的利益关系。以警告方和被警告人之间的利益平衡为例：立法一方面要允许、鼓励甚至强制知识产权权利人通过侵权警告处理侵权纠纷，故而不能为发送侵权警告设置过高的门槛，并且有必要对被警告人起诉警告方的权利进行限制；另一方面，为维护被警告人的合法权益，应赋予遭受损失的被警告人获得司法救济的权利。

从第 3 章考察的第一梯队国家立法规制知识产权诉讼威胁的措施来看，相关措施进化、完善的过程，正是不断调整、磨合上述几种关系，使得各种利益关系趋于最佳平衡的过程。例如，《英国知识产权（恶意威胁）法案》改变了专业服务提供者执业时不受保护的状态，规定由作为委托方的知识产权权利人承担专业服务提供者发送诉讼威胁的责任，使得专业服务提供者愿意为权利人"挺身而出"，而不是退缩自保。

---

❶ 张小号. 开源软件许可的知识产权法律问题研究 [D]. 西安：西安交通大学，2011：41.

❷ 占善刚，张一诺. 知识产权确认不侵权之诉受理条件实证研究 [J]. 知识产权，2020（3）：27.

4.1.2　最简方案原则

"最简方案"（minimalist program，或 minimalist approach）是语言学研究中使用频率较高的一个术语，是以诺姆·乔姆斯基❶为代表的转换生成语法学派经过数十年的发展历程而形成的一种探索普遍语法的最新视角和路径。❷

在规制知识产权侵权警告的立法中秉持最简方案原则，是要在对已有域外立法经验和教训以及我国相关法律和司法实践现状深入研究的基础上，对复杂问题进行抽丝剥茧，最终提出对各方主体而言简便易行的方案。

之所以要在规制知识产权侵权警告的立法中执行最简方案原则，一方面是知识产权侵权警告问题本身的复杂性使然。前面提到，对知识产权侵权警告的立法规制涉及民事诉讼法、知识产权法和反不正当竞争法。具体到知识产权客体而言，基本上全面覆盖了《民法典》第一百二十三条规定的作品、发明、实用新型、外观设计、商标、地理标志、商业秘密、集成电路布图设计、植物新品种等各类客体，而且立法规制知识产权侵权警告兼有"鼓励"和"遏制"目的。如果不努力遵从最简方案原则，最终制定的立法规范必然是烦琐异常，各方主体遵从的成本太高。

另一方面，从对域外规制知识产权诉讼威胁立法经验的实证考察来看，在重视立法规制知识产权诉讼威胁的国家，立法都经历了由浅入深、由简单到复杂的过程。并且由于代表性国家在初步探索立法经验时，不约而同地选择了分散型立法规制模式，导致不同知识产权法案规范同一问题的时间起点不同，再加上反复修正、不断增加新条款，致使相关规则烦琐臃肿，不同法案就同一问题设计的规则还可能存在明显的差异性。而作为前述问题对策的《英国知识产权（恶意威胁）法案》集中体现了最简方案原则。

在我国，秉持最简方案原则构建规制知识产权侵权警告的立法生态也是

---

❶　诺姆·乔姆斯基（Noam Chomsky），美国麻省理工学院（MIT）语言学荣誉退休教授。

❷　有关语言学研究中的最简方案视角，参见：诺姆·乔姆斯基. 最简方案（外语学术名著汉译文库）[M]. 满在江，麦涛，译. 北京：外语教学与研究出版社，2016.

有优势的，因为我国到目前为止尚未像前述代表性国家那样，在知识产权法案中迈出规制侵权警告的实质性第一步。

在立法规制知识产权侵权警告的过程中秉持最简方案原则，必须首先回答立法进路问题——对于我国而言，坚决不能走澳大利亚、马来西亚等国分散型立法规制模式这条弯路，其次要确保规制措施的简洁性、统一性和可操作性，避免出现由于反复修正而导致规则烦琐、差异化严重，进而难以遵从和执行的局面。

4.1.3　区分对待智力成果原则

区分对待智力成果原则与最简方案原则并不冲突：最简方案原则强调立法进路的抉择和具体规则的统一性，是针对不同类型的知识产权客体作出统一安排部署，避免因为立法、修法不同步给法律的遵从和执行带来困惑；区分对待智力成果原则强调要具体问题具体分析，求同存异，根据客体的不同，确立统一但有区别的规则，是将一类智力成果的复杂程度、权利获取门槛等因素与就此类成果主张权利的警告方是否具有恶意以及应否免责建立起联系，最终实现预防层次低的智力成果沦为恶意侵权警告工具的目的。具体而言，在设计发送侵权警告门槛及警告方安全港保护规则时，对于智力投入少、获取门槛较低的成果，要相应地提高知识产权权利人发送侵权警告的门槛，并扩大当然恶意的侵权警告的范畴。

区分对待智力成果在知识产权法中是一个客观存在的现象。无论是知识产权方面的国际公约还是国内法，都会根据创作智力成果所需智力投入及权利垄断对社会进步限制的不同，分别设置保护门槛、权利内容和保护期限。以专利法为例，我国《专利法》保护发明、实用新型和外观设计。这三类客体中，发明专利的技术含量最高，保护门槛最高，被赋予的权利垄断性最高，保护期限也长达二十年。但实用新型专利和外观设计专利，或者其他国家通过专门法保护的外观设计，或者澳大利亚专利法中的创新专利，由于获

得保护的门槛较低，保护期也相对较短。❶

在权利行使方面，我国《专利法》第六十六条第二款也作出了一个特殊安排，明确了专利侵权纠纷涉及实用新型专利或者外观设计专利的，人民法院或者管理专利工作的部门可以要求专利权人或者利害关系人出具由国务院专利行政部门对相关实用新型或者外观设计进行检索、分析和评价后作出的专利权评价报告，以作为审理、处理专利侵权纠纷的证据。实用新型或外观设计专利权人、利害关系人或者被控侵权人也可以主动出具专利权评价报告。另据《最高人民法院关于审理涉电子商务平台知识产权民事案件的指导意见》，对于涉及专利权的通知，电子商务平台经营者可以要求知识产权权利人提交实用新型或者外观设计专利权评价报告等材料。

专利权评价报告存在的必要性或曰合理性在于，出于加快授权程序、提高授权效率的考虑，专利行政部门在授予实用新型专利或者外观设计专利的过程中，并未执行严格的实质审查程序，这导致实用新型专利和外观设计专利的质量和稳定性相对较差。2017 年、2018 年、2019 年和 2020 年，我国实用新型专利授权数量分别为 97.3 万件❷、147.9 万件❸、158.2 万件❹、237.7 万件❺。单是 2021 年上半年，我国实用新型专利授权量就已经超过 132 万

---

❶　为适应加入《工业品外观设计国际保存海牙协定》的需要，我国在第四次修订《专利法》时，将外观设计专利权的保护期限由十年调整为十五年，实用新型专利的保护期依然维持十年不变。

❷　国家知识产权局. 二〇一七年中国知识产权保护状况［EB/OL］.（2018-04-25）［2021-10-02］. https://www.cnipa.gov.cn/transfer/docs/2018-04/20180425155906670179.pdf.

❸　国家知识产权局战略规划司. 知识产权统计简报［EB/OL］.（2019-01-07）［2020-06-04］. https://www.cnipa.gov.cn/20190125091255376153.pdf.

❹　谷业凯. 2019 年我国授权发明专利 45.3 万件［N/OL］. 人民日报，2020-01-07［2020-06-04］. http://www.gov.cn/xinwen/2020-01/07/content_5467041.htm.

❺　国家知识产权局. 2020 年国家知识产权局年报［R/OL］.（2021-04-27）［2021-09-04］. https://www.cnipa.gov.cn/art/2021/4/27/art_2616_158950.html.

件 ❶。在这一背景下，实用新型专利更容易成为发起恶意侵权警告和恶意诉讼的工具。

与此相类似的是，我国《商标法》还特别注意区分注册商标和未注册商标，为注册商标提供远高于未注册商标的保护。

区分对待智力成果原则还进一步诠释了知识产权制度的利益平衡原则。立法并不排斥智力投入低的成果权利人通过侵权警告来发现并制止侵权行为。但为了保护被警告人与利害关系人、避免权利人被不当利用，需要对此类权利人发送侵权警告的权利进行限制。在权利行使进行限制的同时，也降低了他人因恶意警告遭受损失的风险。

4.1.4　补偿为主、惩罚为辅原则

补偿性原则，是指要求违约方或侵权方根据其违约或侵权行为给对方造成损失的多寡，向对方支付损失赔偿。简单来说，就是以损失大小论赔偿金额。

我国民事法律规范普遍确立了补偿性原则，针对知识产权侵权行为也不例外。《专利法》规定：

> 第七十一条　侵犯专利权的赔偿数额按照权利人因被侵权所受到的实际损失或者侵权人因侵权所获得的利益确定；权利人的损失或者侵权人获得的利益难以确定的，参照该专利许可使用费的倍数合理确定。对故意侵犯专利权，情节严重的，可以在按照上述方法确定数额的一倍以上五倍以下确定赔偿数额。
>
> 权利人的损失、侵权人获得的利益和专利许可使用费均难以确定的，人民法院可以根据专利权的类型、侵权行为的性质和情节等因素，确定给予三万元以上五百万元以下的赔偿。

---

❶　王逸群. 2021 年上半年我国实用新型专利授权超 132 万件 市场主体创新更加活跃［EB/OL］.（2021-07-14）［2021-09-04］. http://china.cnr.cn/gdgg/20210714/t20210714_525534682.shtml.

赔偿数额还应当包括权利人为制止侵权行为所支付的合理开支。

…………

无论是"因被侵权所受到的实际损失"，还是"侵权人因侵权所获得的利益"，抑或是"专利许可使用费的倍数"（毕竟在普通许可情形下，一项专利可以同时许可给数个被许可人，因此这里的"倍数"并不一定意味着惩罚）、"三万元以上五百万元以下"的法定赔偿，都以补偿损失为出发点。《著作权法》和《商标法》也都作出了类似规定。

补偿性标准虽能弥补守约方或权利人的损失，但在防范违约或侵权等违法行为方面往往表现得绵软无力。特别是要考虑到在知识产权领域，"维权存在举证难、成本高、赔偿低等问题，跨区域侵权、网络侵权现象增多"❶，导致恶意侵犯知识产权现象频发，补偿性原则不足以有效遏制知识产权侵权行为的发生。为此，我国加强知识产权保护立法建设的一个重要方面是探索知识产权侵权的惩罚性赔偿规则。

《商标法》于 2013 年修订时，首次加入了惩罚性赔偿内容。《商标法》第六十三条第一款规定：

侵犯商标专用权的赔偿数额，按照权利人因被侵权所受到的实际损失确定；实际损失难以确定的，可以按照侵权人因侵权所获得的利益确定；权利人的损失或者侵权人获得的利益难以确定的，参照该商标许可使用费的倍数合理确定。对恶意侵犯商标专用权，情节严重的，可以在按照上述方法确定数额的一倍以上三倍以下确定赔偿数额。赔偿数额应当包括权利人为制止侵权行为所支付的合理开支。

《种子法》2015 年 11 月第三次修订时，在第七十三条第三款增加了类似内容："……侵犯植物新品种权，情节严重的，可以在按照上述方法确定数额的一倍以上三倍以下确定赔偿数额。"

❶ 张泉. 专利法修改拟规定专利侵权惩罚性赔偿制度［EB/OL］.（2018-12-24）［2020-10-01］. http://www.npc.gov.cn/npc/c35679/201812/f10a40937a794c828e9ac361c4a91793.shtml.

2019 年《商标法》修订时，将恶意侵犯注册商标专用权的惩罚性赔偿倍数由"三倍以下"提升至"五倍以下"。

2020 年颁布的《民法典》在四处提到了惩罚性赔偿规则，其中第一千一百八十五条规定："故意侵害他人知识产权，情节严重的，被侵权人有权请求相应的惩罚性赔偿。"

《专利法》的第四次修订和《著作权法》的第三次修订也紧随《商标法》和《民法典》的步伐，明确了故意侵犯专利权或著作权，情节严重的，可以在五倍以下确定赔偿数额。至此，我国主要知识产权法案统一确立了最高五倍的惩罚倍数 ❶，赔偿数额还包括知识产权权利人为制止侵权所支出的合理费用。人民法院确定赔偿数额时，在特定情况下可以参考知识产权权利人的主张和提供的证据判定赔偿数额等细致规定，这些都彰显了我国遏制故意侵权、保护权利人、维护创新的决心。

具体到网络环境下的知识产权侵权，《电子商务法》第四十二条第三款明确了知识产权权利人恶意发出错误通知，造成平台内经营者损失的，加倍承担赔偿责任的规定；相应地，《最高人民法院关于涉网络知识产权侵权纠纷几个法律适用问题的批复》规定了因恶意提交声明导致电子商务平台经营者终止必要措施，对于造成知识产权权利人损害的，知识产权权利人有权请求惩罚性赔偿。

为了具体落实惩罚性赔偿制度，彰显人民法院全面加强知识产权司法保护的决心，进一步优化科技创新法治环境，2021 年 3 月 3 日，最高人民法院发布了《最高人民法院关于审理侵害知识产权民事案件适用惩罚性赔偿的解释》（法释〔2021〕4 号），自 2021 年 3 月 3 日起施行。该司法解释对知识产权民事案件中惩罚性赔偿的适用范围，故意与情节严重的认定，以及计算基数、倍数的确定等问题作出了具体规定。

在规制知识产权侵权警告的立法中确立惩罚性赔偿原则，是对侵权警告发送门槛比较低及知识产权侵权纠纷技术性强、周期长、成本高等特征的直

---

❶ 《种子法》2021 年 12 月进行的第四次修订也明确将惩罚倍数的上限设定为五倍，自 2022 年 3 月 1 日起施行。

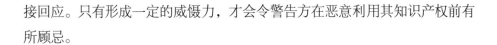

接回应。只有形成一定的威慑力，才会令警告方在恶意利用其知识产权前有所顾忌。

4.1.5　区分首要实施者与从属实施者原则

在我国规制知识产权侵权警告的立法措施中，还应明确区分首要实施者与从属实施者。与直接侵权和间接侵权不同❶，首要实施者是指以制造或进口等方式直接实施专利者，或直接将商标用于标识商品或服务者；而从属实施者则主要指直接实施者的合作对象、零售商、供货商和客户等。

我国的知识产权法案目前也注意区分对待首要实施者与从属实施者。根据《专利法》第七十七条，使用、许诺销售或者销售"不知道"是侵权产品且"能证明该产品合法来源"的行为人虽仍构成侵权，但满足前述两个条件即可以免除赔偿责任。也就是说，对于善意的从属实施者来说，停止侵害和消除影响等责任执行的是无过错责任，而损失赔偿则适用过错责任原则。另据《商标法》第六十四条第二款，销售不知道是侵犯注册商标专用权的商品，能证明该商品是自己合法取得并说明提供者的，也不承担赔偿责任。

在拟定规制知识产权侵权警告的立法时，区分首要实施者与从属实施者的意义是多方面的。首先，从域外立法经验来看，在代表性国家规定的诉讼威胁方免责情形中，有的仅针对向从属实施者发出的诉讼威胁（如《英国知识产权（恶意威胁）法案》中的合理措施抗辩），只有区分"首要实施者"和"从属实施者"，才能确保规则的针对性。其次，在我国的审判实践中，司法裁判人员已清楚地认识到从属实施者在很多方面与首要实施者不同。比如，从属实施者的判断力较弱但避险意识更强，更何况我国主要知识产权法案已经明确了从属实施者只要能够证明产品来源合法，并不承担侵权责任。

---

❶ 知识产权间接侵权，是指行为人实施的行为并不构成对他人知识产权的直接侵犯（以专利为例，行为人并未直接制造、使用、销售、许诺销售或进口专利产品），但却诱导、教唆或帮助实施他人的知识产权。

这样一来，面对侵权警告，从属实施者放弃反驳的意愿会更强烈。所以，案件审理法官普遍认为，针对从属实施者发出的侵权警告，在内容上应满足更高的要求。

4.1.6 行政程序先行原则

行政程序先行原则建立在区分对待智力成果原则的基础之上。根据行政程序先行原则，在特定知识产权权利行使和纠纷解决过程中，部分智力成果（尤其是权利获取门槛比较低、未经过实质审查程序评价质量的智力成果）的权利人必须先履行特定行政程序，包括向知识产权行政部门申请办理登记注册或请求实质审查手续并出具评价报告等。

行政程序先行原则提高了行使权利和解决纠纷的门槛。以我国《专利法》中的专利权评价报告为例，专利权人或者利害关系人请求国务院专利行政部门出具专利权评价报告的，需要支付费用。根据国家知识产权局 2021年 5 月修订的《专利和集成电路布图设计缴费服务指南》，实用新型和外观设计专利权评价报告的请求费均为 2400 元。

对于无须办理登记注册或请求实质审查便可获得授权的智力成果，特定行政程序不仅可以弥补授权过程的缺陷，还可以敦促知识产权权利人在发出侵权警告前冷静思考，这降低了轻率发出侵权警告的概率，有利于保护被警告人与利害关系人的利益。更具有现实意义的是，这一要求还可以进一步减少因侵权警告而引发诉讼纠纷的概率，间接减轻了人民法院的审判压力。

4.2 我国立法规制知识产权侵权警告的进路

前面提到，立法规制知识产权侵权警告的进路有专门立法模式、澳大利亚分散型立法模式和英国统一修订模式三种选项。

专门立法模式或许是未来的终极选项，但专门立法模式往往是各种选项中成本最高的一个。我国作为大陆法传统国家，由最高立法机关制定一部体系完整的制定法需要认真考虑围绕特定立法主题可能产生的各种问题，周期往往比较长。在没有充足的下位法立法经验积累的情况下，走专门立法这条路不仅会耗费大量的时间，而且风险很大。此外，制定一部全新的专门法案还需要协调其与已有的知识产权法案和民事程序法的关系，并且各类主体遵从新法案的成本比较高。

基于域外经验的考察得知，在没有可供直接借鉴经验的背景下，澳大利亚的分散型立法模式是代表性国家的必经之路。但我国应极力避免走上分散型立法规制模式这条道路，毕竟，即便是现如今，澳大利亚作为第一梯队国家仍旧遭受着分散型立法模式与生俱来的各种困扰。如果我国也和马来西亚一样，先从一部知识产权法案开始，逐步在不同知识产权法案中探索规制侵权警告的规则，无疑是对域外立法经验和教训的完全漠视。

英美法传统国家虽然越来越重视制定法，但其制定法多以规范具体主题的"小切口"法案为主，尤其以英国最具有代表性。英国在 1999 年颁布了《合同（第三人权利）法案》❶，该法可谓短小精悍，一共仅有十条内容，目的只有一个——解决在合同相对性原则这一判例法传统规则背景下给第三人设定权利的问题。又比如 2017 年《英国知识产权（恶意威胁）法案》也只是统一了不同知识产权法案中的诉讼威胁规则，内容并非全新，而且也不涉及知识产权的获取、权利内容、保护期限等具体问题。因此，我国也不可能直接照搬英国模式，由最高立法机关推出一部类似于《英国知识产权（恶意威胁）法案》的法案，实现对主要知识产权法案进行统一修订的目的。

对于我国而言，立法规制知识产权侵权警告的最简方案应是将"集中修订"主要知识产权法案纳入立法工作计划，尽快为不同知识产权客体确立体例统一、内容一致的规则，并辅以正在研究制定的知识产权诉讼特别审理法，从程序法层面强化知识产权法案规制侵权警告的效果。这一方案虽然未

---

❶ *Contracts（Rights of Third Parties）Act 1999*，标题全称为《为第三人执行合同条款创设规则之法案》（*An Act to make provision for the enforcement of contractual terms by third parties*），法案全文见：https://www.legislation.gov.uk/ukpga/1999/31/contents。

采取英国颁布《英国知识产权（恶意威胁）法案》的形式，但"集中修订"可以实现与之相同的统一效果。

在 20 世纪末，为融入世界贸易体系，我国曾对主要知识产权法案进行过一次集中修订。❶当时的集中修订与本书探讨的集中修订的不同之处在于，本次集中修订旨在为不同知识产权客体确立形式和内容统一的侵权警告规则。

以下就集中修订主要知识产权法案和研究制定知识产权诉讼特别审理法时应考虑加入的程序性内容和实体性内容分别进行探讨。

4.3 程序性内容

4.3.1 将侵权警告设定为知识产权侵权诉讼的前置程序

与行政程序先行原则一样，将侵权警告设定为知识产权侵权诉讼的前置程序，这意味着直接提高了知识产权权利人提起侵权诉讼的门槛，但与由此产生的积极效果相比，门槛的提高给知识产权权利人带来的不便是微不足道的。首先，侵权警告本身可以化解相当比例的知识产权侵权纠纷。其次，起诉门槛的提高，相当于给知识产权权利人设置了一个冷静期，可以敦促知识产权权利人在起诉前冷静思考，进而可能会更倾向于通过侵权警告或其他非诉讼方式解决纠纷。最后，有助于疏解人民法院处理知识产权侵权诉讼案件的压力。因此，总的来说，将侵权警告设定为知识产权侵权诉讼的前置程序这一创新举措是高成本效益的。

在实践中，倾向于协商解决纠纷的知识产权权利人有两种具体选择：一类是直接同潜在侵权人联系，告知对方自己的权利内容和对方所实施行为的

---

❶ 吴汉东，刘鑫. 改革开放四十年的中国知识产权法［J］. 山东大学学报（哲学社会科学版），2018（3）：17-18.

侵权属性等；另一类是先提起侵权诉讼，在获得筹码之后再同对方进行协商。很显然，第二种情况所产生的成本无论是对于哪一方（潜在侵权人、利害关系人、法院和知识产权权利人）来说，都要高于第一种情况。

根据《最高人民法院关于审理侵犯专利权纠纷案件应用法律若干问题的解释》第十八条及相关的司法实践，侵权警告是提起确认不侵害知识产权诉讼的前置程序和要件。这与此处将侵权警告作为提起知识产权侵权诉讼前置程序的规则完全不同，并不能作为直接的法律依据。

从域外规制知识产权侵权警告（诉讼威胁）的立法经验来看，将自力纠纷解决机制挺在知识产权侵权诉讼前面既是大势所趋，也是经受住实践检验的举措，如《澳大利亚民事纠纷解决法案》要求原告、被告在起诉前采取真诚措施化解纠纷，英国最高法院《诉前行为与协议指南》对各方诉前充分交换意见的期待，以及《德国著作权与相关权法》的"警告"要求。这些程序性限制均为半强制性要求——权利人不遵守相关程序要求的，不影响法院是否准许立案的决定，但会直接影响法官裁判诉讼费用和损失赔偿的具体负担。

考虑到将侵权警告设定为知识产权侵权诉讼的前置程序会提高立案难度，与我国目前司法改革中多项措施并举、解决立案难的司法改革方向相悖。因此，侵权警告作为知识产权侵权诉讼前置程序的要求也应和前述三国一样，仅作为半强制性要求——未满足这一程序要求的，不影响人民法院立案，但法官在确定诉讼费用负担规则及败诉方向胜诉方支付的损失赔偿金额时，将参考诉前侵权警告前置程序要求的落实情况。

对于我国而言，将侵权警告确立为知识产权侵权诉讼的前置程序，要具体解决两个问题：一是确立规则的路径，二是具体措施。

4.3.1.1　路径

将侵权警告确立为知识产权侵权诉讼的前置程序，目前有三条路径可供选择：第一，在我国正研究制定的知识产权诉讼特别审理法中明确提出将侵权警告作为提起知识产权侵权诉讼的前置程序要求；第二，如果我国短期内无法出台知识产权诉讼特别审理法，也可以仿效德国，在集中修订主要知识产权法案时，明确要求知识产权权利人起诉前先发送侵权警告，给予对方协商解决纠纷的机会；第三，借鉴英国经验，由最高人民法院在颁布的民事案件程序规则中明确这一程序要求，这是三个选项中成本最低、速度最快的路径。

4.3.1.2 具体措施

将侵权警告明文规定为提起知识产权侵权诉讼的前置程序并非难事，真正的难题在于如何将这一程序要求落到实处。为避免这一程序要求流于形式，应在立法或司法解释中明确提出以下四点要求。

第一，明确诉前通过侵权警告协商解决知识产权侵权纠纷是双方当事人的义务。一方面，要求知识产权权利人在启动侵权诉讼程序前应先通过寄送通知、警告函、律师函等方式，与对方沟通协商，关于通知、警告函、律师函在内容等方面的要求，具体分析见后；另一方面，要求被警告人在收到侵权警告后积极配合，努力与警告方协商解决纠纷，而不是立刻到法院以恶意侵权警告为由提起诉讼。

第二，符合要求的侵权警告未达到预期目的、知识产权权利人到人民法院起诉的，起诉方应提交一份类似于《澳大利亚民事纠纷解决法案》中"真诚措施声明"的书面材料。书面材料的内容应准确地反映知识产权权利人在起诉前与潜在侵权人沟通，并尝试通过非诉讼方式解决侵权纠纷所作出的努力。

第三，被警告人提交答辩材料，说明其在收到侵权警告后与知识产权权利人协商解决纠纷所作出的具体努力。给被警告人强加这一义务的必要性在于，在实践中如果被警告人收到侵权警告后立刻起诉，无论侵权警告是否为恶意侵权警告，那么将侵权警告设置为侵权诉讼前置程序的立法努力都将付诸东流，最终只会给知识产权权利人戴上枷锁。此外，如果不加约束地允许被警告人与利害关系人在收到侵权警告后通过诉讼维权，还有可能打草惊蛇，惊动侵权人，引发侵权人隐匿甚至毁灭侵权证据的风险。也正是基于这一考虑，《澳大利亚民事纠纷解决法案》第四条将相对人对此类诉讼威胁进行恰当回应作为解决纠纷的真诚措施要求之一。这和规定不可起诉的诉讼威胁类型一样，都旨在防范被警告人收到侵权警告后动辄立刻起诉。

　　第四，知识产权权利人、被警告人未按要求作出协商解决纠纷努力的（包括虽进行过协商但起诉、应诉时未出具相关材料，或者知识产权权利人发现侵权行为后从未尝试协商解决纠纷而径直起诉，又或是涉嫌侵权人与利害关系人收到警告后直接起诉知识产权权利人恶意警告的），将予以惩戒。可供直接借鉴的域外惩戒经验有：《澳大利亚民事纠纷解决法案》第十二条要求未采取真诚措施化解纠纷的知识产权权利人胜诉后负担部分诉讼费用；《英国诉前行为与协议指南》第十三条规定，未按法院期待的方式尝试通过非诉讼途径解决争议的，过错方负担己方的诉讼费用，或负担其他当事人的诉讼费用。由此可见，巧妙地利用诉讼费用负担规则，可以督促知识产权权利人优选侵权警告这一自力纠纷解决机制，并预防被警告人或者利害关系人草率地提起诉讼。在我国的司法实践中，一些案件的主审法官实际上已经在走与《澳大利亚民事纠纷解决法案》和《英国诉前行为与协议指南》中类似的道路。例如，前面提到的福州时代华晟版权代理有限公司、福州时代华晟版权代理有限公司厦门分公司与漳州龙文区欢乐迪休闲娱乐城侵害作品放映权纠纷案，以及黄某福与廖某程侵害作品复制权、发行权纠纷案，主审法官都是因为知识产权权利人未先采取侵权警告应对侵权纠纷，而是径直起诉，继而要求胜诉的知识产权权利人负担部分公证费用、律师费用等维权费用。这本身是一种运用费用杠杆敦促知识产权权利人通过侵权警告解决纠纷、惩戒拒绝利用侵权警告处理侵权纠纷做法的实践操作。明确将侵权警告设定为侵权诉讼的前置程序，并以诉讼费用的负担作为惩戒手段，等于是在立法层面确认了现有审判实践中的部分做法，有利于最大化地发挥侵权警告化解知识产权侵权纠纷的工具价值。

4.3.2　明确被警告人与利害关系人可以通过提起侵权诉讼维权

　　考虑到知识产权权利人有恶意发送侵权警告的可能性，立法中应明确赋予被警告人与利害关系人通过司法渠道维权的权利，这也是域外规制知识产权侵权警告（诉讼威胁）立法中非常核心的一点。《澳大利亚版权法案》第二百零二条第一款规定："如果有人通过通知函、公告或其他方式，威胁就版权侵权启动程序或提起诉讼，无论诉讼威胁方是否为版权人或独占被许可人，受损害方均可以起诉前述诉讼威胁方……"根据《英国专利法案》第七十A条，除了特定内容主题、特定相对人和"允许的通告"这三类不可起诉情形外，相对人认为诉讼威胁是恶意威胁的，可以到法院起诉诉讼威胁方。

根据我国目前的《民事案件案由规定》，第二级案由"知识产权权属、侵权纠纷"下辖十五个第三级案由，包括"确认不侵害知识产权纠纷"和"因恶意提起知识产权诉讼损害责任纠纷"。前面提到，就应对恶意警告而言，"确认不侵害知识产权纠纷"存在诸多问题，并且"确认不侵害知识产权纠纷"本身也仅下辖六个第四级案由；而恶意提起知识产权诉讼虽与恶意发送知识产权侵权警告同为恶意利用知识产权的行为，但二者在本质上是不同的。鉴于我国实践中出现越来越多因知识产权侵权警告引发的诉讼案件，应对《民事案件案由规定》进行补充和完善，在第二级案由"知识产权权属、侵权纠纷"之下新加名为"因恶意发送知识产权侵权警告损害责任纠纷"的第三级案由，或用该第三级案由取代现有的"确认不侵害知识产权纠纷"。

之所以将恶意侵权警告定性为侵权行为，主要是基于以下两个方面的考虑。

第一，被警告人与利害关系人以侵权为由起诉警告方是目前域外保障被警告人与利害关系人利益的通行做法。德国法院倾向于将恶意发送侵权警告的行为视为是在故意伤害他人根据《德国民法典》第八百二十三条所享有的"其他权利"。《英国知识产权（恶意威胁）法案》明确了因恶意诉讼威胁产生的损害赔偿需符合侵权法中关于赔偿范围的合理预见标准。《澳大利亚商标法案》中涉及恶意诉讼威胁的条款（第一百二十九条和第一百三十条）也是置于第十二节"商标侵权"之下。此外，根据《澳大利亚商标法案》第一百二十九条第一款规定，因恶意诉讼威胁引发的诉讼，管辖法院可以是专门受理商标侵权案件的法院，也可以是任何其他有管辖权的法院，这也表明澳大利亚立法者将恶意诉讼威胁定性为侵权行为的立场。

第二，将恶意利用知识产权的行为定性为侵权行为，在我国的立法、司法解释与实践中具有延续性。例如，根据《民法典》第一千一百九十五条第三款，权利人因错误通知造成网络用户或者网络服务提供者损害的，应当承担侵权责任。《最高人民法院关于审理侵犯专利权纠纷案件应用法律若干问题的解释》第十八条允许被警告人或者利害关系人向人民法院提起请求确认其行为不侵犯专利权诉讼。根据现行《民事案件案由规定》，"确认不侵害知识产权纠纷"是一类"知识产权权属、侵权纠纷"。将恶意侵权警告定性为侵权行为与我国立法、司法解释和现行《民事案件案由规定》的做法一致。

4.4　实体性内容

4.4.1　侵权警告正当性的边界

无论是出于引导知识产权权利人利用侵权警告的目的，还是为了防止侵权警告成为谋取不正当利益的工具，首先都需要划定侵权警告正当性的边界。为此，需要具体解决以下三个问题。

一是将侵权警告与非侵权警告的"权利告知声明"区分开来——如果知识产权权利人的一项通告没有传递任何要求停止侵权、主张赔偿或是起诉维权的意愿等信息，则不属于侵权警告，自然也就不可能构成恶意侵权警告。在因侵权警告引发的民事诉讼中，警告方经常提出的一个抗辩是其发出的通告仅仅是告知对方自己享有某项知识产权权利，并无警告威胁之意。《最高人民法院关于审理侵犯专利权纠纷案件应用法律若干问题的解释》也明确了知识产权权利人发出侵犯专利权的警告是被警告人提起确认不侵害专利权诉讼的三个条件之一。

二是将侵权警告细分为正当的侵权警告与恶意侵权警告。

三是在恶意侵权警告中，圈定几种当然恶意的侵权警告类型，以降低人民法院处理因侵权警告所引发的诉讼纠纷的难度和相对人举证的难度，进一步强化对被警告人的保护。

4.4.1.1 侵权警告与非侵权警告的权利告知声明

非侵权警告的权利告知声明主要指的是通过通知、公告、信件等方式，告知对方自己通过原始取得或继受取得的方式目前正享有某项知识产权权利。

知识产权权利人通过通知、公告或信件等方式告知对方自己享有某项知识产权权利的目的多种多样：有的时候是为了作出愿意与对方协商解决纠纷的姿态，有的时候是向潜在的合作方或客户发出友善的提示。但如果只是止步于告知对方自己所享有的知识产权权利信息，则不应视为是侵权警告，也更不可能构成英美法国家所称的诉讼威胁。

非侵权警告的权利告知声明在英国法中被称为"允许的通告"，澳大利亚法称之为"权利告知声明"。澳大利亚制定法并未对"权利告知声明"进行过任何解释说明，但《英国知识产权（恶意威胁）法案》对"允许的通告"从内容与目的两个维度进行了界定，可以作为我国界定非侵权警告的权利告知声明时的参考。

我国在立法中也可以考虑从内容和目的两个层面，对权利告知声明进行描述界定，并明确指出权利告知声明不属于侵权警告，知识产权权利人不会因为权利告知声明被追究责任。

在内容方面，一项非侵权警告的权利告知声明只能包含如下信息，且警告方有理由相信信息的真实性：①告知对方存在一项有效的知识产权；②告知对方某人基于该项知识产权所享有权利的细节；③提示相对人的行为可能侵犯了相关权利。

在目的方面，知识产权权利人发出通告的目的应仅限于通知或查证，包括告知对方权利的存在与知识产权权利人状况，以及查证一项知识产权是否被侵犯或查明侵权人。我国《民法典》《电子商务法》和《信息网络传播权保护条例》确立的"避风港原则"里的"通知"包含了要求网络服务提供者

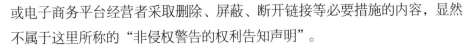

或电子商务平台经营者采取删除、屏蔽、断开链接等必要措施的内容，显然
不属于这里所称的"非侵权警告的权利告知声明"。

4.4.1.2　正当的侵权警告

一项侵权警告究竟是正当的自力维权行为还是恶意的侵权行为，需要综
合考虑侵权警告内容的充分性、发送侵权警告的时机、警告对象等因素。

1）侵权警告内容的充分性

《德国著作权与相关权法》第九十七 A 条对包含"真诚措施声明"的
"通告"在内容上提出了四个方面的具体要求，目的就是要确保在实践中便
于辨别。这些内容要求与最高人民法院民事判决书（2014）民三终字第 7 号
中关于侵权警告内容的充分性要求是一致的。另外，我国涉及避风港规则的
立法与司法解释中对"通知"和"声明"的内容要求也提供了重要的参考
依据。

一份正当的侵权警告应包括以下六个方面的内容：①准确标识警告方的
身份，如果警告方并非知识产权权利人本人，而是代表知识产权权利人发送
侵权警告的专业服务提供者，或者是独占被许可人，那么警告函件或公告还
必须同时明确指明委托人、许可方的姓名或名称；②准确描述警告方认为被
警告人侵犯的权利内容，并提供与所称被侵犯权利的证明文件，如作品登记
证书、商标注册证、专利证书及独占许可协议等；③准确描述所主张的侵权
事实，并提供初步证据；④清楚地描述警告方合理的权利主张；⑤如果提出
了与被警告人达成和解的方案，需要说明所提出的责任承担方案与被警告人
侵权行为的匹配程度，即说明被警告人责任承担方案的合理性；⑥所提供内
容真实性的书面保证等。

2）发送侵权警告的时机

在划定侵权警告正当性的边界时，除了要考虑侵权警告内容本身的充分
性外，还需要考虑发送侵权警告的时机。例如，在以下情形中，侵权警告显
然有跨越正当性边界之嫌：在被警告人已经对侵权警告明确作出回应（如被
警告人已经根据侵权警告的要求调整了其行为，或被警告人已经到人民法院
提起诉讼）后，警告方依然反复发送侵权警告、甚至扩大警告对象范围的；

警告方明知侵权警告错误，仍不及时撤回、更正或反复提交错误侵权警告的。

3）警告对象

在我国的审判实践中，人民法院有一个较为统一的认识，那就是普遍质疑向非侵权人本人（即从属实施者，包括直接实施者的合作对象、零售商、供货商和客户等）发送的侵权警告，认为此类侵权警告往往会带有不正当竞争的目的。尤其是在已查明首要实施者身份的情况下，绕过首要实施者而单独向从属实施者发送的侵权警告，显然也不符合正当的侵权警告程序，因为这一做法有明显破坏竞争对手的合作关系、夺取对方客户的动机。此外，正如最高人民法院民事判决书（2014）民三终字第 7 号指出的那样，由于利害关系人通常对侵权的认知能力较弱，避险意识较强，因而易受到侵权警告的影响。在 *Halsey v. Brotherhood（1881）* 案中，原告的客户一收到被告发送的诉讼威胁便放弃购买原告的产品。在 *Quads 4 Kids Ltd.* v. *Thomas Campbell（2006）* 案中，被告恶意向原告产品的销售平台 eBay 发出诉讼威胁，eBay 在收到诉讼威胁后也是立刻选择将原告产品下架。这些案例都表明，销售商、客户等从属实施者群体的避险意识要更强。因此，向从属实施者发送的侵权警告所包含的信息应当更详细、充分。

在北京亿科希特商贸有限公司等与北京鲁美科思仪器设备有限公司不正当竞争纠纷中，北京亿科希特商贸有限公司发送侵权警告的对象包括北京鲁美科思仪器设备有限公司的客户。二审法院北京知识产权法院认为，向下游客户发送侵权警告，往往出于市场竞争之目的，难谓合法，并据此认为其发送对象超越了争议的相对方。❶

对于向从属实施者发送的侵权警告，还应对内容进行额外限制，即不应包含贬损潜在侵权人的产品与服务、抬高警告方产品或服务的相关内容。在无锡海斯凯尔医学技术有限公司、上海回波医疗器械技术有限公司等商业诋毁纠纷中，上海回波医疗器械技术有限公司律师函的发送对象包括无锡海斯凯尔医学技术有限公司的经销商和医院，这些医院要么正在使用或准备采购

---

❶ 北京知识产权法院民事判决书（2019）京 73 民终 3216 号。

无锡海斯凯尔医学技术有限公司的产品，要么正在进行同类产品的招标。在律师函中，上海回波医疗器械技术有限公司不仅包含了无锡海斯凯尔医学技术有限公司涉嫌侵犯专利权的相关内容，还用较长篇幅介绍了法国爱科森公司及旗下公司拥有的专利权和注册商标专用权、获得荣誉及产品销售情况❶，以表明自己的优势。"回波公司一方面在涉案函件中陈述己方优势，一方面又以相当篇幅陈述海斯凯尔公司涉嫌侵权情况，形成较强的对比格局，进而影响受函者的判断和决策。"❷因此法院认为，涉案函件并非单纯的侵权警告，同时还带有较强的争取相同客户交易机会的目的。

4）其他因素

还有一些其他因素应视具体案情予以考虑。例如，双环股份公司与本田株式会社确认不侵害专利权、损害赔偿纠纷的一审法院认为，本田株式会社通过东风汽车公司向政府致函的行为超越了合理的维权范围，具有明显的恶意。❸

4.4.2　当然恶意的侵权警告

在以下情形中，侵权警告明显超越了正当维权的边界，应直接定性为恶意侵权警告行为。

一是侵权警告宣称被侵犯的权利尚不存在或并不存在的，具体包括：①发明专利申请已公布但尚未获得授权的，这时的专利临时保护❹并不包括可以向潜在侵权人发送侵权警告的权利；②权利根本不存在，包括警告方未

---

❶　法院经审理查明，法国爱科森公司系上海回波医疗器械技术有限公司的关联公司，2014 年 7 月 1 日，法国爱科森公司授权上海回波医疗器械技术有限公司独占使用其注册商标、销售 FIBROSCAN 系列肝纤维化检测仪器、维护商誉、说明或展示产品所获资质证书及荣誉、享有追索权等。

❷　上海市高级人民法院民事判决书（2016）沪民终 274 号。

❸　河北省高级人民法院民事判决书（2013）冀民三初字第 1 号。

❹　根据我国《专利法》第十三条，"发明专利申请公布后，申请人可以要求实施其发明的单位或者个人支付适当的费用"。

曾获得过相关知识产权权利，或专利权、注册商标专用权授权后依法被宣告无效或被撤销的，或者警告方并非所宣称权利的真正知识产权权利人；③权利已过法定保护期限，或因未缴纳年费、未办理续展手续等原因而被提前终止；④知识产权权利人曾书面声明放弃相关知识产权。在这些情况下，所谓的"知识产权权利人"利用被警告人畏惧知识产权诉讼的心理发送所谓的"侵权警告"，目的在于谋取不正当利益。此外，这种行为还挑战了民事诉讼的正常秩序。

二是实用新型专利或外观设计专利权人发送侵权警告前未取得专利权评价报告的，以及所称被侵犯的注册商标实际上并未获准注册的。实用新型和外观设计专利权人在发送侵权警告前应先取得专利权评价报告，这一安排同时践行了区分对待智力成果原则和行政程序先行原则，可以直接阻却大量的侵权警告，减少因为侵权警告引发的诉讼纠纷，进而有利于节约宝贵的司法资源。对于未注册商标，由于公众对相关权利是否存在以及权利内容很难认知，因此不允许未注册商标的使用者在完成商标注册前发出侵权警告也正当合理。

三是宣称被侵犯的权利虽然确实存在，但发送侵权警告的一方并没有主张相关权利的资格，包括：①侵权警告发送方仅是普通被许可人，许可协议未授权被许可人代表许可方主张权利的；②专业服务提供者未经知识产权权利人同意，擅自发出侵权警告的。

一旦一项侵权警告属于当然恶意的侵权警告，那么被警告人或者利害关系人以利益被侵犯为由起诉警告方的，人民法院将直接支持被警告人或者利害关系人的诉求。因此，当然恶意的侵权警告的界定不仅有利于降低人民法院处理相关因侵权警告所引发的诉讼纠纷的难度，也更有利于保护被警告人与利害关系人的利益。

4.4.3　警告方的安全港保护

鉴于知识产权侵权警告在发现和制止侵权方面的优势，对知识产权权利人正当利用侵权警告的行为，立法应予以积极引导和鼓励。除了明确侵权警告的内容、发送时机和警告对象等规则外，一个具体的鼓励措施是要确立警告方的安全港保护规则。所谓警告方的安全港保护，是指只要满足特定条件，侵权警告即便是给被警告人或利害关系人造成了损失，警告方也不承担责任。具体而言，只要警告方有证据证明其侵权警告针对的行为侵犯了（或一旦实施将侵犯）警告方的知识产权，警告方将不承担责任。例如，《澳大利亚版权法案》第二百零二条规定，诉讼威胁方如有证据证明其诉讼威胁针对的行为侵犯了（或一旦实施将侵犯）相对人版权，诉讼威胁方将不承担责任。

这里需要进一步明确的是何谓"有证据证明"侵权行为已经现实发生或即将发生。前面提到的代表性国家立法中，安全港保护条款只是提到"能向法院证明"，但并未对此做进一步解释说明。因此，在执行过程中会导致严苛证明标准和宽松证明标准的偏差。

如果执行严苛的证明标准，要求警告方必须要在完全确认侵权事实后方能发出侵权警告，那么侵权警告的工具价值将大打折扣。*CQMS Pty Ltd. v. Bradken Resources Pty Limited*（2016）案主审法官执行的就是严苛的证明标准。与之类似的是，中国台湾地区在《公平交易委员会对于事业发侵害著作权、商标权或专利权警告函案件之处理原则》第三条如是要求：

> 三、〈依照著作权法、商标法或专利法行使权利之正当行为之一〉事业践行下列确认权利受侵害程序之一，始发警告函者，为依照著作权法、商标法或专利法行使权利之正当行为：
>
> （一）经法院一审判决确属著作权、商标权或专利权受侵害者。
>
> （二）经著作权审议及调解委员会调解认定确属著作权受侵害者。
>
> （三）将可能侵害专利权之标的物送请专业机构鉴定，取得鉴定报告，且发函前事先或同时通知可能侵害之制造商、进口商或代理商，请求排除侵害者。事业未践行第一项第三款后段排除侵害通知，但已事先采取权利救济程序，或已尽合理可能之注意义务，或

通知已属客观不能，或有具体事证足认应受通知人已知悉侵权争议之情形，视为已践行排除侵害通知之程序。

这一条内容表明，对于知识产权权利人来说，只有在拿到法院一审判决，或经著作权审议及调解委员会调解认定，或取得专业机构的鉴定报告后，即在能够完全证实存在侵权的前提条件下，才能发送侵权警告。这里的标准明显有过高之嫌，其结果是过于加重警告方的负担，不利于实现警告方和被警告人之间的利益平衡。在如此严苛的证明标准之下，对于知识产权权利人而言，与其冒着发出侵权警告后被被警告人起诉甚至可能会败诉的风险，还不如直接向法院提起知识产权侵权诉讼。

因此，在立法中应执行宽松的证明标准，即适当降低知识产权权利人发送侵权警告的门槛——只要知识产权权利人有"初步证据"证明被警告人已经实施或可能实施侵权行为即可。❶侵权警告的"初步证据"标准与我国《电子商务法》第四十二条的"通知应当包括构成侵权的初步证据"要求一致。《最高人民法院关于涉网络知识产权侵权纠纷几个法律适用问题的批复》也再次强调，知识产权权利人发出的通知内容与客观事实不符，但通知系善意且能够举证证明的，可以免责。以上警告方的抗辩理由可以概括为"正当性抗辩"。

此外，有的时候知识产权权利人虽然经过多方努力，但依然无法找到侵权行为的首要实施者，而是只能找到侵权产品的零售商、供货商和客户等从属实施者。在这种情况下，为了保护自身的正当权益，防止侵权后果的扩大，知识产权权利人可能会选择向从属实施者发出侵权警告。这一举措有时还会有尝试查找首要实施者的考虑。在这种情况下，还有必要赋予知识产权权利人合理措施抗辩。

不过，在设计合理措施抗辩时，还需要考虑一种特殊情况——警告方明知首要实施者的身份，但只是为了争取作为竞争对手的首要实施者的客户，而选择只向客户发出侵权警告。因此，有必要对合理措施抗辩进行限制。

---

❶ 梁志文. 论专利权人之侵权警告函[J]. 知识产权，2004（3）：16-19.

具体而言，同时满足两个条件，对于向从属实施者发出的侵权警告，知识产权权利人不承担责任：一是尽管警告方已采取合理措施（需提供已采取合理措施的证据），依然未能找到首要实施者；二是在向从属实施者发出侵权警告之前或同时，知识产权权利人已将寻找首要实施者所采取的合理措施通告给从属实施者。

对警告方的保护等于是限制了被警告人的权利。如果被警告人能证明一项知识产权无效或应被撤销，警告方所主张的权利就失去了正当性基础，侵权警告也就变成了无本之木。在这种情况下，所谓的"知识产权权利人"不能主张获得任何形式的救济。例如，根据我国《商标法》第四十九条第二款，"注册商标成为其核定使用的商品的通用名称或者没有正当理由连续三年不使用的，任何单位或者个人可以向商标局申请撤销该注册商标"。如果商标注册人以注册商标专用权被侵犯为由发出侵权警告，被警告人提出"撤三"申请并最终导致商标被撤销的，警告方将无法获得任何救济。

4.4.4　专业服务提供者免责

我国对律师、专利代理师、商标代理人等专业服务提供者遵守法律和行业规范的执业行为依法提供保护。《律师法》第三十七条第一款规定："律师在执业活动中的人身权利不受侵犯。"我国《专利代理条例》第四条第二款规定："专利代理机构和专利代理师依法执业受法律保护。"

知识产权权利人与接受委托的专业服务提供者之间存在委托代理关系。代理人以被代理人名义实施的代理活动，最终效果一般应归于被代理人。正如我国《民法典》第一百六十二条规定，"代理人在代理权限内，以被代理人名义实施的民事法律行为，对被代理人发生效力"。但《民法典》第一百六十七条还规定："代理人知道或者应当知道代理事项违法仍然实施代理行为，或者被代理人知道或者应当知道代理人的代理行为违法未作反对表示的，被代理人和代理人应当承担连带责任。"因此，按照《民法典》的前述条款，对于侵权警告中包含不实信息的，或因其他原因损害被警告人或者利害关系人利益的情形，相关法律责任应由被代理人承担，除非代理人知道或者应当知道代理事项违法并仍然实施代理行为。在后一种情况下，被代理人和代理人应当承担连带责任。

与一般的代理关系略有不同的是，作为侵权警告实际发出者的专业服务提供者会面临更大的风险，而且能否恰当地处理这种风险会影响侵权警告作为一种知识产权侵权纠纷化解工具的价值。从实践角度，如果法律不明确专业服务提供者在满足特定情况下就所提供的专业服务免责，那么专业服务提供者很有可能会拒绝应知识产权权利人的请求起草并发送警告函、律师函或者公告。还需要特别指出的是，在运用侵权警告解决纠纷的过程中，专业服务提供者的参与有利于提高纠纷解决的效率和概率，故而有必要通过保护专业服务提供者来鼓励他们的参与。因此，一方面需要明确专业服务提供者免责的态度，另一方面又要确立专业服务提供者免责的前提条件。

具体而言，立法应明确，同时满足下列条件，专业服务提供者在代表知识产权权利人发送侵权警告时，个人不承担侵权责任：首先，该人系以专业服务提供者的身份发送侵权警告；其次，发送侵权警告时遵守法律、行业规范和职业道德；再次，系受知识产权权利人委托发送侵权警告；最后，发送侵权警告时指明了委托人的身份。专业服务提供者不承担侵权责任，并不意味着知识产权权利人无须承担责任。如果侵权警告属于恶意警告，由此产生的损失，最终应由作为被代理人的知识产权权利人来承担责任。

4.4.5　恶意警告的救济方式

一旦侵权警告被认定为"恶意"，为弥补恶意侵权警告给被警告人与利害关系人造成的损失，应赋予被警告人与利害关系人通过侵权诉讼维护权益的权利，并为他们提供以下救济。

一是损害赔偿，即要求警告方赔偿被警告人与利害关系人因侵权警告所遭受的损失。恶意发送侵权警告，情节严重的，应按照被警告人与利害关系人所遭受损失额的一倍以上五倍以下确定赔偿数额。情节严重与否，应综合考虑侵权警告的恶劣程度、阻止再次发出类似侵权警告的必要性、警告方在发出恶意警告后的所作所为、警告方因其恶意警告的获益等情况综合评定，并据此在一倍至五倍的区间内确定合理的惩罚倍数。这里的"一倍以上五倍以下"惩罚力度与我国几部知识产权法案确立的惩罚标准相一致。

二是停止侵害，即要求警告方停止发送侵权警告。这一救济方式与英美法中的永久禁令基本一致。

此外，人民法院还可以根据案件实际情况，要求恶意警告方采取措施消除影响（如撤回警告函❶）、恢复名誉并赔礼道歉等。

相比较确认不侵害知识产权诉讼宣告式的裁决结果，上述救济方式的范围更广，救济力度也更强。

4.5　小　结

在我国正式迈出在知识产权法案中规制侵权警告的第一步前，应当明确立法规制知识产权警告的进路既不是澳大利亚的分散型立法规制模式，也不是英国的统一修订模式，而是应采取适合我国国情的集中修订模式。在对现有知识产权法案进行集中修订时，应当遵循利益平衡原则、最简方案原则等，统一确立两项程序性内容和五项实体性内容，以求尽快构建我国立法规制知识产权侵权警告的生态系统。

---

❶　在古驰中国贸易有限公司与山西中宸表业有限公司确认不侵害商标权纠纷中［北京市朝阳区人民法院民事判决书（2019）京 0105 民初 51555 号］中，一审法院支持了原告要求被告撤回警告函的主张。

第 5 章

结论与展望

他山之石，可以攻玉！

我国在知识产权法律制度建设过程中，高度关注域外立法动态，始终用批判的眼光分辨经验和教训：对于适合我国国情的立法经验，能够大胆地吸收借鉴；对他国走过的弯路和教训，又能够保持高度警惕。

鉴于依据侵权法、民事诉讼法和反不正当竞争法的一般规则在应对知识产权诉讼威胁时存有诸多缺陷，英国于1883年颁布了《英国专利、外观设计和商标法案》，拉开了通过知识产权法案规制诉讼威胁的序幕，并与澳大利亚一道，逐步成为立法规制知识产权诉讼威胁的第一梯队成员。这些国家经过不懈探索所积累的立法经验，包括立法进路和具体规制措施，经受住了实践的检验，一个重要的判断依据是在诸如英国等代表性国家，因知识产权诉讼威胁引发的侵权诉讼数量少之又少。

对于我国而言，首先需要重新审视知识产权侵权警告。一方面认识到作为一种自力纠纷解决机制，知识产权侵权警告在我国目前知识产权诉讼数量飙升、人案矛盾加剧、疑难案件增多的大背景下所扮演的特殊且重要的角色，另一方面又要提防知识产权权利人滥发侵权警告及可能带来的巨大风险，进而将对知识产权侵权警告进行规制识别为一个异常紧迫的立法任务。

其次，应当认真评估我国现有的规制知识产权侵权警告的法律和司法实践现状。本书评估的结论是，现有法律对于知识产权侵权警告的规范不够充分和细致，主要是提供了一些指导性原则。例如，不得滥用民事权利以损害国家利益、社会公共利益或者他人合法权益；几部法律中的避风港原则里的"通知"和"说明"规则设计可以提供一定的间接指导。现有法律赋予被警告人的确认不侵害知识产权诉讼和商业诋毁不正当竞争诉讼两个司法救济渠道对于遏制恶意发送侵权警告的效果也不尽如人意，尤其是以诉讼这一事后救济方式来解决附随一种自力纠纷解决机制所产生的问题，不仅成本高、针对性不强，而且无法引导和规范知识产权权利人正确利用侵权警告来处理知识产权侵权纠纷。

需求和现状的矛盾，敦促我国加快规制知识产权侵权警告立法建设的步伐。在知识产权法中设计规制侵权警告的系统性方案可以弥补现有法律及司法救济渠道的不足，确立并巩固知识产权侵权警告作为"把非诉讼纠纷解决机制挺在前面"的知识产权纠纷多元化解机制的重要地位。

考虑到知识产权是一个复杂的集合体，要解决知识产权侵权警告法律规则针对不同知识产权客体的适用性问题，我国应努力避免澳大利亚分散型立法模式，可以借鉴《英国知识产权（恶意威胁）法案》的经验，对我们现有主要知识产权法案进行一次集中修订，为不同知识产权客体确立体例统一、内容一致的侵权警告规则体系，避免像马来西亚那样在迈出第一步时无视他国立法经验和教训、误入歧途。

在知识产权法中规制侵权警告，应遵循利益平衡原则，最简方案原则，区分对待智力成果原则，补偿性为主、惩罚性为辅原则，区分首要实施者与从属实施者原则和行政程序先行原则，重点确立两个方面的程序性规则和五个方面的实体性规则。这些程序性规则和实体性规则既能够引导、鼓励甚至强制知识产权权利人通过发送侵权警告处理知识产权侵权纠纷，又能够有效地威慑恶意发送侵权警告行为。

附　录

附录 1 我国规制知识产权侵权警告法律建议稿

[**权利告知声明**]知识产权权利人出于通知或者查证侵权的目的，发出含有以下内容的通告，且知识产权权利人有理由相信内容真实性的，不属于本法所称的侵权警告：

（一）告知相对方存在一项有效的知识产权；

（二）告知相对方知识产权权利人所享有权利的具体内容；

（三）提示相对方的行为可能侵犯了有关知识产权。

[**侵权警告的内容要求**]知识产权权利人发出的侵权警告应包含以下内容：

（一）表明警告方身份，警告方并非知识产权权利人本人的，应指明被代理人或者许可方的姓名或者名称；

（二）说明警告方认为被警告人侵犯的权利内容，并提供相关的证明文件与资料；

（三）描述所称的侵权事实，并提供初步证据；

（四）解释合理的权利主张；

（五）提出和解方案的，需解释说明被警告人责任承担的合理性。

对于发送给涉嫌侵权人的产品零售商、供货商或者客户等相对方的侵权警告，知识产权权利人应尽到更谨慎的注意义务，侵权警告内容应更详细、充分，且不得包含任何贬损涉嫌侵权人产品或服务的信息。

［**当然恶意的侵权警告**］下列侵权警告，警告方具有恶意，人民法院将应被警告人或者利害关系人的请求提供救济。

（一）侵权警告所称被侵犯的权利自始不存在的；

（二）侵权警告所称被侵犯的权利已过法定保护期限或者提前终止的；

（三）权利人曾书面声明放弃侵权警告所称被侵犯的知识产权的；

（四）发明专利申请已公布但尚未获得授权的；

（五）实用新型专利或者外观设计专利权人未取得专利权评价报告的；

（六）警告方无权主张相关权利的。

［**受损害方的救济**］侵权警告侵犯被警告人或者利害关系人合法权益并造成损失的，被警告人或者利害关系人可以起诉警告方侵权，要求警告方：

（一）停止侵害；

（二）赔偿损失；

（三）消除影响、恢复名誉；

（四）赔礼道歉等。

恶意发送侵权警告，情节严重的，人民法院可以视以下情形，在被警告人或者利害关系人遭受的实际损失的一倍以上五倍以下确定赔偿数额：

（一）侵权警告的恶劣程度；

（二）阻止此类侵权警告的必要性；

（三）警告方在发出侵权警告后实施的行为；

（四）警告方因侵权警告获益的情况；以及

（五）其他情形。

［**警告方的安全港保护**］知识产权权利人有初步证据证明被警告人的行为构成侵权的，或者一旦实施将构成侵权的，不承担责任。

知识产权权利人经采取合理措施后，依然无法查找、证实侵权行为直接实施者，继而向侵权人的产品零售商、供货商或者客户等发出侵权警告的，不承担责任。

[**专业服务提供者免责**] 受知识产权权利人委托，专业服务提供者发出侵权警告并给被警告人或者利害关系人造成损失的，由被代理人承担责任。

专业服务提供者不承担责任，但需要指明被代理人身份，并遵守相关行业规范和职业道德。

本条所称专业服务提供者，包括律师、专利代理师、商标代理人等。

[**侵权诉讼前置程序**] 知识产权权利人发现有人实施侵害知识产权的行为时，应采取措施积极与对方沟通，协商解决纠纷，包括通告对方争议的问题、向对方提供与争议问题相关的资料或者信息、提出与对方协商解决纠纷的方案等。

相对方应对知识产权权利人协商解决纠纷的努力作出积极回应。

知识产权权利人起诉他人侵权的，应提交声明，说明在起诉前同相对方协商解决纠纷所采取的措施。

被诉侵权方应提交声明，说明被诉侵权方作出的配合知识产权权利人协商解决纠纷的努力。

未按前述要求协商解决纠纷或提交声明的，人民法院可以视情况要求胜诉方承担部分诉讼费用。

附录 2　国际公约与国外立法中的诉讼威胁条款（中英文对照）

Ⅰ　Paris Convention

Article 10*bis* Unfair Competition

(1) The countries of the Union are bound to assure to nationals of such countries effective protection against unfair competition.

(2) Any act of competition contrary to honest practices in industrial or commercial matters constitutes an act of unfair competition.

(3) The following in particular shall be prohibited:

(i) all acts of such a nature as to create confusion by any means whatever with the establishment, the goods, or the industrial or commercial activities, of a competitor;

(ii) false allegations in the course of trade of such a nature as to discredit the establishment, the goods, or the industrial or commercial activities, of a competitor;

(iii) indications or allegations the use of which in the course of trade is liable to mislead the public as to the nature, the manufacturing process, the

一、《巴黎公约》

第十条之二　［不正当竞争］

（1）本联盟国家有义务对各该国国民保证给予制止不正当竞争的有效保护。

（2）凡在工商业事务中违反诚实习惯做法的竞争行为，构成不正当竞争行为。

（3）下列各项应特别予以制止：

（ⅰ）采用任何手段，与竞争者的营业场所、商品或工商业活动产生混淆的一切行为；

（ⅱ）在商业经营过程中，损害竞争者的企业、商品或工商业活动信誉的虚假指控；

（ⅲ）在商业经营过程中，使用会导致公众易于对商品性质、制造工艺、特点、用途或数量产生误解的表述或说法。

characteristics, the suitability for their purpose, or the quantity, of the goods.

Article 10*ter* Marks, Trade Names, False Indications, Unfair Competition: *Remedies, Right to Sue*

(1) The countries of the Union undertake to assure to nationals of the other countries of the Union appropriate legal remedies effectively to repress all the acts referred to in Articles 9, 10, and 10*bis*.

(2) They undertake, further, to provide measures to permit federations and associations representing interested industrialists, producers, or merchants, provided that the existence of such federations and associations is not contrary to the laws of their countries, to take action in the courts or before the administrative authorities, with a view to the repression of the acts referred to in Articles 9, 10, and 10*bis*, in so far as the law of the country in which protection is claimed allows such action by federations and associations of that country.

II　Australia

1. Copyright Act 1968

202 Groundless threats of legal proceedings in relation to copyright infringement

(1) Where a person, by means of circulars, advertisements or otherwise, threatens a person with an action or proceeding in respect of an infringement of copyright, then, whether the person making the threats is or is not the owner of the copyright or an exclusive licensee, a person aggrieved may bring an action against the first-mentioned person

第十条之三　［商标、厂商名称、虚伪标记、不正当竞争：救济手段，起诉权］

（1）本联盟国家承诺，保证本联盟其他成员国的国民获得有效制止第九条、第十条和第十条之二所述一切行为的恰当的法律救济手段。

（2）本联盟成员国并承诺确立规则措施，准许不违反其本国法律而存在的联合会和社团，代表有利害关系的工业家、生产者或商人，在其要求保护的国家法律允许该国联合会和社团提出控诉的范围内，为了制止第九条、第十条和第十条之二所述行为，向法院或行政机关提出控诉。

二、澳大利亚

1. 1968 年《澳大利亚版权法案》

202 关于版权侵权的恶意诉讼威胁

（1）如果有人通过通知函、公告或其他方式，威胁就版权侵权启动程序或提起诉讼，无论诉讼威胁方是否为版权人或独占被许可人，受损害方均可以起诉前述诉讼威胁方，并可以获得以下

and may obtain a declaration to the effect that the threats are unjustifiable, and an injunction against the continuance of the threats, and may recover such damages (if any) as he or she has sustained, unless the first-mentioned person satisfies the court that the acts in respect of which the action or proceeding was threatened constituted, or, if done, would constitute, an infringement of copyright.

(2) The mere notification of the existence of a copyright does not constitute a threat of an action or proceeding within the meaning of this section.

(3) Nothing in this section renders a barrister or solicitor of the High Court, or of the Supreme Court of a State or Territory, liable to an action under this section in respect of an act done by him or her in his or her professional capacity on behalf of a client.

(4) The defendant in an action under this section may apply, by way of counterclaim, for relief to which he or she would be entitled in a separate action in respect of an infringement by the plaintiff of the copyright to which the threats relate and, in any such case, the provisions of this Act with respect to an action for infringement of a copyright are, *mutatis mutandis*, applicable in relation to the action.

(5) A reference in this section to an action in respect of an infringement of copyright shall be read as including a reference to an action in respect of the conversion or detention of an infringing copy or of a device used or intended to be used for making infringing copies.

救济措施：关于诉讼威胁为恶意诉讼威胁的宣告，禁止再次发出诉讼威胁的禁令，以及因恶意诉讼威胁遭受损失（如果有）的赔偿。但所述诉讼威胁方能向法院证明其诉讼威胁针对的行为侵犯（或一旦实施将侵犯）版权的，不承担责任。

（2）仅仅是告知对方存在一项版权的，该告知声明不属于本条所称的诉讼威胁。

（3）联邦高等法院、各州和领地最高法院的律师，以专业服务提供者身份、代表当事人实施本条行为的，无须根据本条承担责任。

（4）被依据本条起诉的被告，可以通过反诉，以期获得其本可以通过另行起诉本诉原告实施的诉讼威胁指称的版权侵权行为所应获得的救济。在任何此等情况下，可参照适用本法案中有关版权侵权诉讼的条款。

（5）本条所称的就版权侵权启动程序，包括请求扣押、查封侵权复制品，或扣押、查封用于或准备用于制造侵权复制品的设备。

2. Patents Act 1990

128 Application for relief from unjustified threats

(1) Where a person, by means of circulars, advertisements or otherwise, threatens a person with infringement proceedings, or other similar proceedings, a person aggrieved may apply to a prescribed court, or to another court having jurisdiction to hear and determine the application, for:

(a) a declaration that the threats are unjustifiable; and

(b) an injunction against the continuance of the threats; and

(c) the recovery of any damages sustained by the applicant as a result of the threats.

(2) Subsection (1) applies whether or not the person who made the threats is entitled to, or interested in, the patent or a patent application.

129 Court's power to grant relief if threats related to a standard patent or standard patent application

If an application under section 128 for relief relates to threats made in respect of a standard patent or an application for a standard patent, the court may grant the applicant the relief applied for unless the respondent satisfies the court that the acts about which the threats were made infringed, or would infringe:

(a) a claim that is not shown by the applicant to be invalid; or

(b) rights under section 57 in respect of a claim that is not shown by the applicant to be a claim that would be invalid if the patent had been granted.

2. 1990 年《澳大利亚专利法案》

128 因恶意诉讼威胁请求救济

（1）如果有人通过通告函、公告或其他方式，威胁提起侵权诉讼或其他类似程序，受损害方可以请求指定法院或其他管辖法院裁决，以期获得以下救济：

（a）关于诉讼威胁为恶意诉讼威胁的宣告；和

（b）禁止再次发出诉讼威胁的禁令；和

（c）因恶意诉讼威胁所遭受损失的赔偿。

（2）无论诉讼威胁方是否对一件专利或一件专利申请享有某种权利或利益，第一款均适用。

129 法院就与标准专利或标准专利申请相关诉讼威胁颁布救济的权力

如果根据第一百二十八条提出的救济请求是针对就标准专利或标准专利申请发出的诉讼威胁，除非被告能向法院证明其诉讼威胁针对的行为侵犯了（或一旦实施将侵犯）以下权益，否则，法院可应请求向请求人提供救济：

（a）一项未被请求人证明为无效的权利主张；或

（b）根据第五十七条享有的

129A Threats related to an innovation patent application or innovation patent and court's power to grant relief

Certain threats of infringement proceedings are always unjustifiable.

(1) If:

(a) a person:

(i) has applied for an innovation patent, but the application has not been determined; or

(ii) has an innovation patent that has not been certified; and

(b) the person, by means of circulars, advertisements or otherwise, threatens a person with infringement proceedings or other similar proceedings in respect of the patent applied for, or the patent, as the case may be;

then, for the purposes of an application for relief under section 128 by the person threatened, the threats are unjustifiable.

Courts power to grant relief in respect of threats made by the applicant for an innovation patent or the patentee of an uncertified innovation patent.

(2) If an application under section 128 for relief relates to threats made in respect of an innovation patent that has not been certified or an application for an innovation patent, the court may grant the applicant the relief applied for.

Courts power to grant relief in respect of threats made by the patentee of a certified innovation patent.

(3) If an application under section 128 for relief relates to threats made in respect of a certified innovation patent, the court may grant the applicant

权益，前提是专利如果获得授权且未被请求人证明为无效。

129A 与创新专利申请或创新专利相关的诉讼威胁及法院颁布救济的权力

某些诉讼威胁总是不具有正当性。

（1）如果：

（a）有人：

（i）已提出创新专利申请，但尚未获得授权；或

（ii）有一项创新专利，但创新专利未进行审查的；并且

（b）该人通过通告函、公告或其他方式，针对创新专利申请或创新专利发出提起诉讼或其他类似程序威胁的，视情况而定；

相对人根据第一百二十八条请求救济的，所述诉讼威胁是恶意诉讼威胁。

针对创新专利申请人或未经审查的创新专利权人发出的诉讼威胁，法院有权颁布相应救济。

（2）如果相对人根据第一百二十八条提出的救济请求，是针对未经审查的创新专利或创新专利申请发出的诉讼威胁，法院可应请求颁布相应救济。

针对经审查的创新专利权利人发出的诉讼威胁，法院有权颁布相应救济。

（3）如果根据第一百二十八

the relief applied for unless the respondent satisfies the court that the acts about which the threats were made infringed, or would infringe, a claim that is not shown by the applicant to be invalid.

130 Counter-claim for infringement

(1) The respondent in proceedings under section 128 may apply, by way of counter-claim, for relief to which the respondent would be entitled in separate proceedings for an infringement by the applicant of the patent to which the threats relate.

(2) Where the respondent applies by way of counter-claim, the applicant may, without making a separate application under Chapter 12, apply in the proceedings for the revocation of the patent.

(3) The provisions of this Act relating to infringement proceedings apply, with the necessary changes, to a counter-claim.

Note: Infringement proceedings cannot be commenced in respect of an innovation patent unless the patent has first been certified (see subsection 120(1A)).

(4) The provisions of this Act relating to proceedings under section 138 for the revocation of a patent apply, with the necessary changes, to an application under subsection (2).

Note: Revocation proceedings under section 138 cannot be commenced in respect of an innovation patent unless the patent has first been certified (see subsection 138(1A)).

条提出的救济请求是针对经审查的创新专利发出的诉讼威胁，法院将应请求颁布相应救济，除非被告能证明诉讼威胁针对的行为侵犯了（或一旦实施将侵犯）创新专利权，且创新专利权人的权利主张未被请求人证明为无效。

130 反诉侵权

（1）根据第一百二十八条提起诉讼的被告可以反诉请求人侵权，以期获得被告本可以通过另行起诉请求人专利侵权所期待的救济。

（2）被告反诉侵权的，请求人可以在同一诉讼程序中请求撤销专利，无须根据第十二章另行提出撤销专利申请。

（3）对于反诉侵权，参照适用本法案中有关侵权诉讼的条款。

注：除非创新专利已提前通过审查，否则无法提起侵犯创新专利权诉讼（见第一百二十条第一A款）。

（4）根据本条第二款提出的撤销专利申请，参照适用本法第一百三十八条有关撤销专利的条款。

注：除非创新专利已提前通过审查，否则第一百三十八条规定的专利撤销程序不适用于创新专利（见第一百三十八条第一A款）。

131 Notification of patent not a threat

The mere notification of the existence of a patent, or an application for a patent, does not constitute a threat of proceedings for the purposes of section 128.

132 Liability of legal practitioner or patent attorney

A legal practitioner or a registered patent attorney is not liable to proceedings under section 128 in respect of an act done in a professional capacity on behalf of a client.

3. Trade Marks Act 1995

129 Groundless threats of legal proceedings

(1) If a person threatens to bring an action against another person (*threatened person*) on the ground that the threatened person has infringed:

(a) a registered trade mark; or

(b) a trade mark alleged by the person to be registered.

any person aggrieved by the threat (*plaintiff*) may bring an action (either in a prescribed court or in any other court having jurisdiction) against the person making the threat (*defendant*).

(2) The purpose of the action is to obtain from the court:

(a) a declaration that the defendant has no grounds for making the threat; and

(b) an injunction restraining the defendant from continuing to make the threat.

The plaintiff may also recover any damages that

131 专利权告知声明不构成诉讼威胁

仅仅是告知存在一项专利权的声明,或已提出一项专利申请的声明,不构成本法第一百二十八条所称的诉讼威胁。

132 执业律师或专利代理师的责任

对于执业律师或注册专利代理师以专业服务提供者身份、代表委托人实施的行为,无须根据第一百二十八条承担责任。

3. 1995 年《澳大利亚商标法案》

129 恶意诉讼威胁

(1)如果有人向他人(相对人)发出诉讼威胁,理由是相对人侵犯了:

(a)一件注册商标;或

(b)一件诉讼威胁方声称已注册的商标。

那么,任何因诉讼威胁遭受损失的一方(原告)可以(到指定法院或任何其他管辖法院)起诉诉讼威胁方(被告)。

(2)起诉的目的是希望从法院获得以下救济方式:

(a)关于被告无正当理由发出诉讼威胁的宣告;和

(b)禁止再次发出诉讼威胁的禁令。

he or she has sustained because of the defendant's conduct.

(3) The action may be brought whether or not the defendant is the registered owner, or an authorised user, of the trade mark alleged to have been infringed.

(4) The court may not find in favour of the plaintiff if the defendant satisfies the court that:

(a) the trade mark is registered; and

(b) the acts of the threatened person in respect of which the defendant threatened to bring an action constitute an infringement of the trade mark.

(5) An action may not be brought, or (if brought) may not proceed, under this section if the registered owner of the trade mark, or an authorised user of the trade mark having power to bring an action for infringement of the trade mark, with due diligence, begins and pursues an action against the threatened person for infringement of the trade mark.

(6) This section does not make a lawyer, registered trade marks attorney or patent attorney liable to an action for an act done in a professional capacity on behalf of a client.

130 Counterclaim by defendant in action on groundless threats

If the defendant in an action brought under section 129 would be entitled to bring against the plaintiff an action for infringement of the registered trade mark (*infringement action*):

(a) the defendant may file in the court a counterclaim against the plaintiff for any relief to which the defendant would be entitled in the infringement action; and

原告还可获得因被告行为所遭受任何损失的赔偿。

（3）无论被告是否是诉讼威胁所称被侵权的商标的注册人或授权用户，均可以起诉。

（4）被告能向法院证明存在以下情形的，法院将不支持原告的主张：

（a）商标为注册商标；并且

（b）诉讼威胁针对的相对人的行为构成商标侵权。

（5）一旦商标注册人或者有权起诉商标侵权的授权用户经过审慎调查后，已经到法院提起并推动针对相对人的商标侵权诉讼，那么相对人不得根据本条到法院起诉，已提起的诉讼将终止。

（6）律师、注册商标代理人或专利代理师，以专业服务提供者身份代表委托人实施的行为，无须根据本条承担责任。

130 被告在恶意诉讼威胁引发的诉讼中提起反诉

如果根据第一百二十九条提起诉讼的被告有权起诉原告侵犯注册商标专用权（侵权诉讼）：

（a）被告可以向同一法院提起反诉，请求法院提供其在侵权诉讼中有权获得的任何救济；并且

(b) the provisions of this Act applicable to infringement actions apply in relation to the counterclaim as if it were an infringement action brought by the defendant against the plaintiff.

4. Designs Act 2003
Part 3—Relief from unjustified threats

77 Application for relief from unjustified threats

(1) If a person is threatened by another person (the *respondent*) with infringement proceedings, or other similar proceedings, in respect of a design, an aggrieved person (the *applicant*) may apply to a prescribed court, or to another court that has jurisdiction to hear and determine the application, for:

(a) a declaration that the threats are unjustified; and

(b) an injunction against the continuation of the threats; and

(c) the recovery of damages sustained by the applicant as a result of the threats.

(1A) The court may include an additional amount in an assessment of damages sustained by the applicant as a result of the unjustified threats, if the court considers it appropriate to do so having regard to:

(a) the flagrancy of the threats; and

(b) the need to deter similar threats; and

(c) the conduct of the respondent that occurred after the respondent made the threats; and

(d) any benefit shown to have accrued to the

（b）本法案中有关侵权诉讼的条款适用于该反诉，该反诉如同被告另行提起的针对原告的侵权诉讼。

4. 2003 年《澳大利亚外观设计法案》
第三节　恶意诉讼威胁的救济
77 因恶意诉讼威胁请求救济

（1）如果有人收到另一人（被告）就一件外观设计发出的侵权诉讼或其他类似程序的威胁，受损害方（请求人）可以到指定法院或其他管辖法院请求裁决，以期获得以下救济方式：

（a）关于诉讼威胁为恶意诉讼威胁的宣告；和

（b）禁止再次发出诉讼威胁的禁令；和

（c）请求人因恶意诉讼威胁所遭受损失的赔偿。

（1A）法院可以视以下具体情形，决定是否要求恶意诉讼威胁方额外向请求人支付赔偿金：

（a）诉讼威胁的恶劣程度；

（b）阻止类似诉讼威胁的必要性；

（c）被告在发出诉讼威胁后所实施的行为；

（d）被告因其恶意诉讼威胁的任何获益情况；以及

（e）其他任何相关情形。

respondent because of the threats; and

(e) all other relevant matters.

(2) A threat mentioned in subsection (1) may be by means of circulars, advertisements or otherwise.

(3) If a certificate of examination has not been issued in respect of a design, a threat to bring infringement proceedings, or other similar proceedings, in respect of the design is an unjustified threat for the purposes of this section.

78 Court's power to grant relief

A court may grant the relief sought by an applicant under section 77, unless the respondent satisfies the court that:

(a) the design concerned is registered, has been examined and a certificate of examination has been issued; and

(b) the acts about which the threats were made infringe, or would infringe, the registered design.

79 Counter-claim

(1) The respondent in proceedings under section 77 in respect of a design may apply, by way of counter-claim, for relief to which the respondent would be entitled in separate infringement proceedings against the applicant in respect of the design.

(2) If the respondent applies under subsection (1) by way of counter-claim, the applicant may, without making a separate application under section 93, apply for revocation of the registration of the design.

(3) The provisions of this Act relating to infringement proceedings apply, with the necessary modifications, to a counterclaim under subsection (1).

(4) The provisions of this Act relating to

（2）第一款所称的诉讼威胁可以通过通告函、公告或其他方式发出。

（3）如果外观设计权人未取得审查报告便就该外观设计发出提起侵权诉讼或类似程序的威胁，则属于本条所称的恶意诉讼威胁。

78 法院颁布救济的权力

法院可以应请求颁布第七十七条规定的救济，除非外观设计权人能够证明：

（a）相关外观设计已登记并取得了审查报告；并且

（b）诉讼威胁针对的行为侵犯了（或一旦实施将侵犯）已登记的外观设计权。

79 反诉

（1）根据第七十七条提起诉讼的被告可以反诉原告侵权，以期获得被告本可以通过另行起诉请求人外观设计侵权所能期待的救济。

（2）被告根据第一款反诉侵权的，请求人可以在同一诉讼程序里申请撤销外观设计登记，无须另行根据第九十三条提出撤销登记申请。

（3）根据第一款提出的反诉请求，参照适用本法案有关侵权诉讼的条款。

（4）根据第二款提出的撤销

proceedings for the revocation of the registration of a design apply, with the necessary modifications, to an application under subsection (2).

80 Mere notification of registration not a threat

The mere notification of the existence of a registered design does not constitute a threat of infringement proceedings for the purposes of section 77.

81 Legal practitioners, registered patent attorneys and registered trade marks attorneys

A legal practitioner, a registered patent attorney or a registered trade marks attorney is not liable to proceedings under section 77 in respect of an act done in a professional capacity on behalf of a client.

5. Plant Breeder's Rights Act 1994

Part 5—Enforcement of Plant Breeder's Right

57A Application for relief from unjustified threats

(1) If a person is threatened by another person (the respondent) with proceedings for infringement of PBR in a plant variety, or other similar proceedings, an aggrieved person (the applicant) may apply to the Federal Court or Federal Circuit Court for:

(a) a declaration that the threats are unjustified; and

(b) an injunction against the continuance of the threats; and

外观设计登记申请，参照适用本法案中有关撤销外观设计登记的条款。

80 仅告知一项外观设计已登记不构成诉讼威胁

仅告知对方一项外观设计已经登记，不构成第七十七条所称的侵权诉讼威胁。

81 执业律师、注册专利代理师和注册商标代理人

执业律师、注册专利代理师或注册商标代理人以专业服务提供者身份、代表委托人实施的行为，无须根据第七十七条承担责任。

5. 1994 年《澳大利亚植物品种培育者权利法案》

第五节　植物品种培育者权利的执行

57A 因恶意诉讼威胁请求救济

（1）如果有人收到另一人（被告）以侵犯植物品种培育者权利为由发出的提起侵权诉讼或其他类似程序的威胁，受损害方（请求人）可以向联邦法院或联邦巡回法院请求裁决，以期获得以下救济方式：

（a）关于诉讼威胁为恶意诉讼威胁的宣告；

（b）禁止再次发出诉讼威胁

(c) the recovery of any damages sustained by the applicant as a result of the threats.

(2) The Federal Court or Federal Circuit Court may include an additional amount in an assessment of damages sustained by the applicant as a result of the unjustified threats, if the Court considers it appropriate to do so having regard to:

(a) the flagrancy of the threats; and

(b) the need to deter similar threats; and

(c) the conduct of the respondent that occurred after the respondent made the threats; and

(d) any benefit shown to have accrued to the respondent because of the threats; and

(e) all other relevant matters.

(3) A threat mentioned in subsection (1) may be by means of circulars, advertisements or otherwise.

(4) Subsection (1) applies whether or not the respondent is the grantee of the PBR in the plant variety or an exclusive licensee of the grantee.

57B Court's power to grant relief

The Federal Court or Federal Circuit Court may grant the relief sought by an applicant under section 57A, unless the respondent satisfies the Court that:

(a) the respondent is the grantee of the PBR in the plant variety or an exclusive licensee of the grantee; and

(b) the acts about which the threats were made infringe, or would infringe, the PBR in the plant variety.

的禁令；以及

（c）请求人因恶意诉讼威胁所遭受损失的赔偿。

（2）联邦法院或联邦巡回法院可以视以下情形决定是否要求恶意诉讼威胁方额外向请求人支付赔偿金：

（a）诉讼威胁的恶劣程度；

（b）阻止类似诉讼威胁的必要性；

（c）被告在发出诉讼威胁后所实施的行为；

（d）被告因其恶意诉讼威胁的任何获益情况；以及

（e）其他任何相关情形。

（3）第一款所称的诉讼威胁可以通过通告函、公告或其他方式发出。

（4）无论被告是否是植物品种培育者权利的受让人或受让人的独占被许可人，第一款均适用。

57B 法院颁布救济的权力

联邦法院或联邦巡回法院将向根据第五十七 A 条提出救济请求的请求人颁布救济，除非被告能向法院证明：

（a）被告是植物品种培育者权利的受让人或受让人的独占被许可人；并且

（b）诉讼威胁针对的行为侵犯了（或一旦实施将侵犯）植物

57C Counterclaim for infringement

(1) The respondent in proceedings under section 57A may apply, by way of counterclaim, for relief to which the respondent would be entitled in separate proceedings against the applicant for infringement of the PBR in the plant variety.

(2) The provisions of this Act relating to proceedings for infringement of PBR in a plant variety apply, with the necessary changes, to a counterclaim under subsection (1).

57D Notification of PBR in a plant variety not a threat

The mere notification of the existence of PBR in a plant variety does not constitute a threat of proceedings for the purposes of section 57A.

57E Liability of legal practitioner

A legal practitioner is not liable to proceedings under section 57A in respect of an act done in a professional capacity on behalf of a client.

6. Circuit Layouts Act 1989

46 Groundless threats of legal proceedings

(1) Where a person, by means of circulars, advertisements or otherwise, threatens a person with an action or proceeding in respect of an infringement of EL rights, then, whether or not the person making the threat is the owner of the EL rights, or an exclusive licensee, a person aggrieved may bring an action against the first-mentioned person and may obtain a declaration to the effect that the threat is unjustifiable, and an injunction against the continuance of the threat, and may recover such damages (if any) as the person

品种培育者权利。

57C 反诉侵权

（1）根据第五十七 A 条提起诉讼的被告可以反诉侵权，以期获得其本可以通过另行起诉请求人侵犯植物品种培育者权利所期待获得的救济。

（2）根据第一款提出的反诉请求，参照适用本法案中有关植物品种培育者权利的侵权诉讼条款。

57D 告知存在植物品种培育者权利不构成诉讼威胁

仅告知对方存在植物品种培育者权利，不构成第五十七 A 条所称的诉讼威胁。

57E 执业律师的责任

执业律师以专业服务提供者身份、代表委托人实施的行为，无须根据第五十七 A 条承担责任。

6. 1989 年《澳大利亚集成电路布图设计法案》

46 恶意诉讼威胁

（1）如果有人通过通告函、公告或其他方式，威胁提起集成电路布图设计专有权侵权诉讼或其他程序，无论诉讼威胁方是否为集成电路布图设计权利人或独占被许可人，受损害方均可以起诉前述诉讼威胁方，并期待获得以下救济：关于诉讼威胁为恶意诉讼威胁的宣告，禁止继续发出

aggrieved has sustained, unless the firstmentioned person satisfies the court that the acts in respect of which the action or proceeding was threatened constituted, or would constitute, an infringement of EL rights.

(2) The mere notification of the existence of any EL right does not constitute a threat of an action or proceeding within the meaning of this section.

(3) Nothing in this section renders a barrister or solicitor of the High Court, or of the Supreme Court of a State or Territory, liable to an action under this section in respect of an act done in his or her professional capacity on behalf of a client.

(4) The defendant in an action under this section may apply, by way of counterclaim, for relief to which the defendant would be entitled in a separate action in respect of an infringement by the plaintiff of the EL rights to which the threat relates and, in any such case, the provisions of this Act with respect to an action for infringement of EL rights apply, with the necessary changes made, in relation to the action.

诉讼威胁的禁令，以及因恶意诉讼威胁所遭受损失（如果有）的赔偿，但前述诉讼威胁方能证明其诉讼威胁或其他程序针对的行为侵犯了（或一旦实施将侵犯）集成电路布图设计专有权的除外。

（2）仅告知对方存在一项集成电路布图设计专有权，不构成本条所称的诉讼威胁。

（3）联邦高等法院、各州和领地最高法院的律师以专业服务提供者身份、代表委托人实施的行为，无须在根据本条提起的程序中承担责任。

（4）根据本条提起诉讼的被告可以反诉原告侵权，以期获得被告本可以通过另行起诉原告侵犯集成电路布图设计专有权所期待的救济。在此等情况下提出的反诉请求，参照适用本法案中有关集成电路布图设计专有权侵权诉讼的条款。

7. Civil Dispute Resolution Act 2011
3 Object of Act

The object of this Act is to ensure that, as far as possible, people take genuine steps to resolve disputes before certain civil proceedings are instituted.

4 Genuine steps to resolve a dispute

(1A) For the purposes of this Act, a person takes *genuine steps to resolve a dispute* if the steps taken

7. 2011 年《澳大利亚民事纠纷解决法案》
3 法案的目的

本法案的目的在于尽力确保当事人在启动特定民事诉讼程序前采取真诚措施解决纠纷。

4 采取真诚措施解决纠纷

（1A）本法案所称之"采取

by the person in relation to the dispute constitute a sincere and genuine attempt to resolve the dispute, having regard to the person's circumstances and the nature and circumstances of the dispute.

(1) Examples of steps that could be taken by a person as part of taking genuine steps to resolve a dispute with another person, include the following:

(a) notifying the other person of the issues that are, or may be, in dispute, and offering to discuss them, with a view to resolving the dispute;

(b) responding appropriately to any such notification;

(c) providing relevant information and documents to the other person to enable the other person to understand the issues involved and how the dispute might be resolved;

(d) considering whether the dispute could be resolved by a process facilitated by another person, including an alternative dispute resolution process;

(e) if such a process is agreed to:

(i) agreeing on a particular person to facilitate the process; and

(ii) attending the process;

(f) if such a process is conducted but does not result in resolution of the dispute—considering a different process;

(g) attempting to negotiate with the other person, with a view to resolving some or all the issues in dispute, or authorising a representative to do so.

(2) Subsection (1) does not limit the steps that may constitute taking genuine steps to resolve a dispute.

真诚措施解决纠纷", 是指综合考虑当事人情况及纠纷本质和情况, 当事人采取了真实诚恳的措施解决纠纷。

（1）作为采取真诚措施解决与他人纠纷的一部分, 当事人可以采取的措施包括以下各项:

（a）通告对方争议的问题是哪些或可能是哪些, 表达愿意同对方协商以解决纠纷的意愿。

（b）对任何此类通告进行恰当回应。

（c）向对方提供相关信息和资料, 帮助对方理解所涉及的问题及纠纷可以如何解决。

（d）考虑纠纷能否通过第三人介入的程序推动解决, 包括替代性争议解决方案。

（e）如果同意第三人介入纠纷解决程序:

（i）就何人介入解决纠纷达成一致; 并

（ii）参与该第三人介入的纠纷解决程序。

（f）如果执行了该纠纷解决程序但仍未解决纠纷, 考虑其他纠纷解决程序。

（g）尝试与对方磋商以解决部分或全部纠纷, 或授权一位代表人与对方磋商。

（2）第一款并不排斥其他解决纠纷的真诚措施。

6 Genuine steps statement to be filed by applicant

(1) An applicant who institutes civil proceedings in an eligible court must file a genuine steps statement at the time of filing the application.

(2) A genuine steps statement filed under subsection (1) must specify:

(a) the steps that have been taken to try to resolve the issues in dispute between the applicant and the respondent in the proceedings; or

(b) the reasons why no such steps were taken, which may relate to, but are not limited to the following:

(i) the urgency of the proceedings;

(ii) whether, and the extent to which, the safety or security of any person or property would have been compromised by taking such steps.

(3) A genuine steps statement need not be filed under subsection (1) in relation to proceedings that are wholly excluded proceedings.

(4) A genuine steps statement must be filed under subsection (1) in relation to proceedings that are in part excluded proceedings, but the statement need not relate to the parts of the proceedings that are excluded proceedings.

7 Genuine steps statement to be filed by respondent

(1) A respondent in proceedings who is given a copy of a genuine steps statement filed by an applicant in the proceedings must file a genuine steps statement before the hearing date specified in the application.

6 起诉方提交真诚措施声明

（1）在管辖法院提起民事诉讼的一方起诉时须提交一份真诚措施声明。

（2）根据第一款要求提交的真诚措施声明必须：

（a）说明起诉方为解决与被告之间的纠纷已经采取的措施；或

（b）解释未采取真诚措施解决纠纷的原因，包括但不限于以下原因：

（i）诉讼程序的紧迫性；

（ii）采取此类措施会否以及在何种程度上影响任何人身或财产安全。

（3）对于完全不受本法案调整的诉讼程序，无须按第一款要求提交真诚措施声明。

（4）对于部分不受本法案调整的诉讼程序，必须按第一款要求提交真诚措施声明，但该声明不必涉及不受本法案调整的诉讼部分。

7 被告提交真诚措施声明

（1）在诉讼程序中，被告收到原告提交的真诚措施声明副本后，必须要在原告请求确定的且在开庭审理之日前的日期提交真诚措施声明。

(2) A genuine steps statement filed under subsection (1) must:

(a) state that the respondent agrees with the genuine steps statement filed by the applicant; or

(b) if the respondent disagrees in whole or part with the genuine steps statement filed by the applicant—specify the respect in which, and reasons why, the respondent disagrees.

8 Genuine steps statements must comply with Rules of Court

A genuine steps statement must comply with any additional requirements specified in the Rules of Court of the eligible court (see section 18) in which the statement is filed.

9 Duty of lawyers to advise people of the requirements of this Act

A lawyer acting for a person who is required to file a genuine steps statement must:

(a) advise the person of the requirement; and

(b) assist the person to comply with the requirement.

10 Effect of requirements of this Part

(1) The requirements of this Part are in addition to, and not instead of, requirements imposed by any other Act.

(2) A failure to file a genuine steps statement in proceedings does not invalidate the application instituting the proceedings, a response to such an application or the proceedings.

（2）根据第一款提交的真诚措施声明必须：

（a）声明被告认可原告提交的真诚措施声明；或者

（b）被告对原告提交的真诚措施声明全部或部分不认可的，需要指明不予认可之处并说明原因。

8 真诚措施声明必须遵从《法庭规则》

真诚措施声明必须遵从接收该声明的管辖法院（见第十八条）的《法庭规则》明确的任何额外要求。

9 律师有义务向当事人告知本法案要求

应提交真诚措施声明的一方当事人的代理律师必须：

（a）向当事人告知本法案的要求；并

（b）协助当事人遵从该要求。

10 本节要求的效果

（1）本节要求旨在补充而非取代其他任何法案的要求。

（2）诉讼程序中，未提交真诚措施声明的，不会导致起诉请求无效，也不会导致对起诉请求或诉讼程序的回应无效。

11 Court may have regard to genuine steps requirements in exercising powers and performing functions

An eligible court may, in performing functions or exercising powers in relation to civil proceedings before it, take account of the following:

(a) whether a person who was required to file a genuine steps statement under Part 2 in the proceedings filed such a statement;

(b) whether such a person took genuine steps to resolve the dispute.

12 Exercising discretion to award costs

(1) In exercising a discretion to award costs in a civil proceeding in an eligible court, the court, Judge or other person exercising the discretion may take account of:

(a) whether a person who was required to file a genuine steps statement under Part 2 in the proceedings filed such a statement; and

(b) whether such a person took genuine steps to resolve the dispute.

(2) In exercising a discretion to award costs in a civil proceeding in an eligible court, the court, Judge Federal Magistrate or other person exercising the discretion may take account of any failure by a lawyer to comply with the duty imposed by section 9.

(3) If a lawyer is ordered to bear costs personally because of a failure to comply with section 9, the lawyer must not recover the costs from the lawyer's client.

11 法院行使职权时可考虑真诚措施声明要求

民事诉讼中，管辖法院在行使相关职权时，可以考虑以下因素：

（a）根据第2节应提交真诚措施声明的一方当事人是否提交了声明；

（b）该方当事人是否采取了真诚措施解决纠纷。

12 行使自由裁量权确定诉讼费用

（1）管辖法院在民事诉讼中行使自由裁量权、确定诉讼费用时，法院、法官或有裁量权的他人可以考虑：

（a）根据第2节应提交真诚措施声明的一方当事人是否提交了该声明；以及

（b）该方当事人是否采取了真诚措施解决纠纷。

（2）管辖法院在民事诉讼中行使自由裁量权、确定诉讼费用时，法院、法官或有裁量权的他人可以考虑律师未遵从第九条义务的情况。

（3）因未遵从第九条义务而被要求负担诉讼费用的律师，不得就律师个人负担的诉讼费用再向当事人主张。

Ⅲ The United Kingdom

Intellectual Property (Unjustified Threats) Act 2017

Patents

1 Patents

(1) The Patents Act 1977 is amended as follows.

(2) For section 70 (remedy for unjustified threats of infringement proceedings) substitute—

Unjustified threats

70 Threats of infringement proceedings

(1) A communication contains a "threat of infringement proceedings" if a reasonable person in the position of a recipient would understand from the communication that—

(a) a patent exists, and

(b) a person intends to bring proceedings (whether in a court in the United Kingdom or elsewhere) against another person for infringement of the patent by—

(i) an act done in the United Kingdom, or

(ii) an act which, if done, would be done in the United Kingdom.

(2) References in this section and in section 70C to a "recipient" include, in the case of a communication directed to the public or a section of the public, references to a person to whom the communication is directed.

三、英国

2017 年《英国知识产权（恶意威胁）法案》

专利

1 专利

（1）1977 年《专利法案》修订如下。

（2）第七十条（恶意侵权诉讼威胁的救济）替换为：

恶意诉讼威胁

70 侵权诉讼威胁

（1）如果作为理性人的接收者认为，一项通告中包括了以下信息，可认定通告包含了"侵权诉讼威胁"：

（a）告知存在一项专利；并且

（b）告知对方有人（无论是在联合王国境内还是在境外法院）有针对以下行为提起专利侵权诉讼程序的意愿：

（i）已在联合王国实施的行为；或

（ii）准备在联合王国实施的行为。

（2）如果通告是向公众或部分公众发出，本条和第七十 C 条所称的"接收者"也包括通告指向的个人。

70A Actionable threats

(1) Subject to subsections (2) to (5), a threat of infringement proceedings made by any person is actionable by any person aggrieved by the threat.

(2) A threat of infringement proceedings is not actionable if the infringement is alleged to consist of—

(a) where the invention is a product, making a product for disposal or importing a product for disposal, or

(b) where the invention is a process, using a process.

(3) A threat of infringement proceedings is not actionable if the infringement is alleged to consist of an act which, if done, would constitute an infringement of a kind mentioned in subsection (2)(a) or (b).

(4) A threat of infringement proceedings is not actionable if the threat—

(a) is made to a person who has done, or intends to do, an act mentioned in subsection (2)(a) or (b) in relation to a product or process, and

(b) is a threat of proceedings for an infringement alleged to consist of doing anything else in relation to that product or process.

(5) A threat of infringement proceedings which is not an express threat is not actionable if it is contained in a permitted communication.

(6) In sections 70C and 70D "an actionable threat" means a threat of infringement proceedings that is actionable in accordance with this section.

70A 可起诉的诉讼威胁

（1）任何因侵权诉讼威胁遭受损失的一方，除第二款至第五款规定情形外，都可以提起诉讼。

（2）针对以下侵权行为的侵权诉讼威胁，不可以起诉：

（a）对于产品发明，制造或进口专利产品的行为；或

（b）对于方法发明，使用专利方法的行为。

（3）侵权诉讼威胁针对的行为一旦实施，将构成第二款（a）项或（b）项所述侵权行为的，该诉讼威胁不可以起诉。

（4）如果一项侵权诉讼威胁：

（a）针对的是已经实施或准备实施第二款（a）项或（b）项与产品或方法有关的行为人；以及

（b）针对的是该行为人实施的与该产品或方法有关的任何其他行为，该诉讼威胁不可以起诉。

（5）如果侵权诉讼威胁不是明示的威胁，而是包含在允许的通告中，则属于不可起诉的诉讼威胁。

（6）第七十C条和第七十D条中"可起诉的诉讼威胁"是指可以根据本条提起诉讼的诉讼威胁。

70B Permitted communications

(1) For the purposes of section 70A(5), a communication containing a threat of infringement proceedings is a "permitted communication" if—

(a) the communication, so far as it contains information that relates to the threat, is made for a permitted purpose;

(b) all of the information that relates to the threat is information that—

(i) is necessary for that purpose (see subsection (5)(a) to (c) for some examples of necessary information), and

(ii) the person making the communication reasonably believes is true.

(2) Each of the following is a "permitted purpose"—

(a) giving notice that a patent exists;

(b) discovering whether, or by whom, a patent has been infringed by an act mentioned in section 70A(2)(a) or (b);

(c) giving notice that a person has a right in or under a patent, where another person's awareness of the right is relevant to any proceedings that may be brought in respect of the patent.

(3) The court may, having regard to the nature of the purposes listed in subsection (2)(a) to (c), treat any other purpose as a "permitted purpose" if it considers that it is in the interests of justice to do so.

(4) But the following may not be treated as a "permitted purpose"—

70B 允许的通告

（1）就第七十 A 条第五款而言，满足以下条件，包含侵权诉讼威胁的通告属于"允许的通告"：

（a）通告中传达的诉讼威胁相关信息是出于允许的目的；

（b）与诉讼威胁有关的一切信息：

（i）对于实现该允许的目的而言是必要的（关于必要信息的具体示例，参见第五款（a）至（c）项）；并且

（ii）通告方有正当理由相信是真实的。

（2）以下目的均属于"允许的目的"：

（a）告知存在一项专利；

（b）查证一项专利是否被第七十 A 条第二款（a）项或（b）项所述行为侵犯，或查明侵权人；

（c）告知对方某人基于一项专利享有特定权利，而对方知晓该项专利权与否事关能否可以就该项专利提起任何诉讼。

（3）法院基于公平正义考虑，参考第二款（a）至（c）项所列目的的性质，可以将任何其他目的视为"允许的目的"。

（4）但法院不得视下列目的为"允许的目的"：

(a) requesting a person to cease doing, for commercial purposes, anything in relation to a product or process,

(b) requesting a person to deliver up or destroy a product, or

(c) requesting a person to give an undertaking relating to a product or process.

(5) If any of the following information is included in a communication made for a permitted purpose, it is information that is "necessary for that purpose" (see subsection (1)(b)(i))—

(a) a statement that a patent exists and is in force or that an application for a patent has been made;

(b) details of the patent, or of a right in or under the patent, which—

(i) are accurate in all material respects; and

(ii) are not misleading in any material respect; and

(c) information enabling the identification of the products or processes in respect of which it is alleged that acts infringing the patent have been carried out.

70C Remedies and defences

(1) Proceedings in respect of an actionable threat may be brought against the person who made the threat for—

(a) a declaration that the threat is unjustified;

(b) an injunction against the continuance of the threat;

(c) damages in respect of any loss sustained by the aggrieved person by reason of the threat.

（a）请求对方停止一切为商业目的实施一项产品或方法专利；

（b）请求对方交出或销毁侵权产品；或

（c）请求对方就一件产品或方法专利作出一项承诺。

（5）如果是出于允许的目的而在通告中包含了任何以下信息，则为"对于实现该允许的目的而言是必要的"信息［见第一款（b）项之（i）］，包括：

（a）一项有效专利存在或已提出专利申请的声明；

（b）关于专利或基于专利所产生权利的细节信息，所述信息须：

（i）在各主要方面准确无误；并且

（ii）在任何主要方面都不具有误导性；以及

（c）能够帮助辨别涉嫌被侵犯专利权的产品或方法信息。

70C 救济方式与抗辩理由

（1）针对可起诉的诉讼威胁，可以起诉诉讼威胁方，以获得：

（a）关于诉讼威胁为非正当性的宣告；

（b）禁止继续发出诉讼威胁的禁令；

（c）受损害方因诉讼威胁所

(2) In the application of subsection (1) to Scotland—

(a) "declaration" means "declarator"; and

(b) "injunction" means "interdict".

(3) It is a defence for the person who made the threat to show that the act in respect of which proceedings were threatened constitutes (or if done would constitute) an infringement of the patent.

(4) It is a defence for the person who made the threat to show—

(a) that, despite having taken reasonable steps, the person has not identified anyone who has done an act mentioned in section 70A(2)(a) or (b) in relation to the product or the use of a process which is the subject of the threat, and

(b) that the person notified the recipient, before or at the time of making the threat, of the steps taken.

70D Professional advisers

(1) Proceedings in respect of an actionable threat may not be brought against a professional adviser (or any person vicariously liable for the actions of that professional adviser) if the conditions in subsection (3) are met.

(2) In this section "professional adviser" means a person who, in relation to the making of the communication containing the threat—

(a) is acting in a professional capacity in providing legal services or the services of a trade mark attorney or a patent attorney, and

遭受一切损失的赔偿。

（2）第一款适用于苏格兰时：

（a）"宣告"（declaration）与"宣告"（declarator）同义；并且

（b）"禁令"（injunction）与"禁令"（interdict）同义。

（3）诉讼威胁方能证明其针对的行为侵犯了（或一旦实施将侵犯）专利权的，即为一种抗辩。

（4）诉讼威胁方能证明存在如下情形的，即为一种抗辩：

（a）尽管诉讼威胁方已采取合理措施，依然未能找到任何实施第七十A条第二款（a）项或（b）项所列行为者；并且

（b）诉讼威胁方在发出诉讼威胁之前或同时，已将所采取的合理措施通告接收者。

70D 专业服务提供者

（1）满足第三款条件的，就可起诉的诉讼威胁而言，不得提起针对专业服务提供者（或任何替代专业服务提供者承担责任者）的诉讼。

（2）本条所称的"专业服务提供者"，就发出包含有诉讼威胁的通告而言：

（a）是指以专业身份提供服务的律师、商标代理人或专利代理师；并且

(b) is regulated in the provision of legal services, or the services of a trade mark attorney or a patent attorney, by one or more regulatory bodies (whether through membership of a regulatory body, the issue of a licence to practise or any other means).

(3) The conditions are that—

(a) in making the communication the professional adviser is acting on the instructions of another person, and

(b) when the communication is made the professional adviser identifies the person on whose instructions the adviser is acting.

(4) This section does not affect any liability of the person on whose instructions the professional adviser is acting.

(5) It is for a person asserting that subsection (1) applies to prove (if required) that at the material time—

(a) the person concerned was acting as a professional adviser, and

(b) the conditions in subsection (3) were met.

70E Supplementary: pending registration

(1) In sections 70 and 70B references to a patent include references to an application for a patent that has been published under section 16.

(2) Where the threat of infringement proceedings is made after an application has been published (but before grant) the reference in section 70C(3) to "the patent" is to be treated as a reference to the patent as granted in pursuance of that application.

70F Supplementary: proceedings for delivery up etc.

In section 70(1)(b) the reference to proceedings

（b）他们在提供律师、商标代理或专利代理服务时，受一个或多个监管机构规范约束（无论是以监管机构会员身份，还是通过颁发执业许可或以其他任何方式进行约束）。

（3）专业服务提供者免责的条件为：

（a）专业服务提供者系受人之托发布通告；并且

（b）在发布通告时，专业服务提供者指明了委托人身份。

（4）本条并不影响追究专业服务提供者委托人的责任。

（5）主张适用第一款者，（如被要求）需证明在关键时间：

（a）有关人等作为专业服务提供者的身份；以及

（b）第三款的条件均满足。

70E 补充：未决授权

（1）第七十条与第七十B条凡提及专利的，也包括根据第十六条已公布的专利申请。

（2）如侵权诉讼威胁是在专利申请公布后（但在专利获得授权前）发出，那么第七十C条第三款中的"专利"应视为指称根据该专利申请而后获得授权的专利。

70F 补充：交出侵权产品等程序

在第七十条第一款（b）项

for infringement of a patent includes a reference to proceedings for an order under section 61(1)(b) (order to deliver up or destroy patented products etc.).

中，专利侵权诉讼程序包括根据第六十一条第一款（b）项提出的请求法院颁布交出或销毁专利侵权产品等命令的程序。

IV Republic of Ireland

四、爱尔兰

1. Trade Marks Act 1996

24. Remedy for groundless threats of infringement proceedings.

(1) Where a person threatens another with proceedings for infringement of a registered trade mark other than in relation to

(a) the application of the mark to goods,

(b) the importation of goods to which the mark has been applied, or

(c) the supply of services under the mark,

any person aggrieved may apply to the Court for relief under this section.

(2) The relief which may be applied for as mentioned in subsection (1) is any of the following:

(a) a declaration that the threats are unjustifiable;

(b) an injunction against the continuance of the threats;

(c) damages in respect of any loss sustained by the threats.

(3) A plaintiff shall be entitled to such relief as is referred to in subsection (2) unless the defendant shows that the acts in respect of which proceedings were threatened constitute (or if done would constitute) an infringement of the registered trade mark concerned.

1. 1996 年《爱尔兰商标法案》

24 恶意侵权诉讼威胁的救济

（1）如果一方因他人实施的除以下行为外的行为，威胁以侵犯注册商标专用权为由起诉他人的，任何受损害方均可依据本条向法院请求救济。

（a）使用商标标识商品；

（b）进口使用该商标标识的商品；或

（c）以商标提供服务。

（2）本条第一款所指的可以请求的救济方式包括：

（a）关于诉讼威胁为非正当性的宣告；

（b）禁止继续发出诉讼威胁的禁令。

（c）因诉讼威胁遭受任何损失的赔偿。

（3）除非被告能证明其诉讼威胁针对的行为侵犯了（或一旦实施将侵犯）注册商标专用权，否则，原告有权获得本条第二款各项救济。

(4) Notwithstanding the provisions of subsection (3), the plaintiff shall be entitled to such relief as is referred to in subsection (2) if the plaintiff shows that the registration of the trade mark is invalid or liable to be revoked in a relevant respect.

(5) Notification that a trade mark is registered or that an application for registration has been made shall not of itself constitute a threat of proceedings for the purposes of this section.

2. Patents Act 1992

53. Remedy for groundless threats of infringement proceedings.

(1) Where any person (whether entitled to or interested in a patent or not) by circulars, advertisements or otherwise threatens any other person with proceedings for infringement of a patent, any person aggrieved thereby may bring proceedings in the Court against him for any such relief as is mentioned in subsection (2).

(2) Unless in any action brought by virtue of this section the defendant proves that the acts in respect of which proceedings were threatened constitute or, if done, would constitute, an infringement of a patent, the plaintiff shall be entitled to the following relief, that is to say—

(a) a declaration to the effect that the threats complained of were unjustifiable;

(b) an injunction against the continuance of the threats; and

(c) such damages, if any, as have been sustained by him by reason of the threats.

（4）尽管有第三款规定，如果原告能证明注册商标无效或依法应当被撤销，原告依然有权获得第二款各项救济。

（5）如果只是通告对方一件商标已经注册或已提出注册申请，该通告本身并非本条所称的诉讼威胁。

2. 1992 年《爱尔兰专利法案》

53 恶意侵权诉讼威胁的救济

（1）如果有任何人（无论是否对一项专利享有某种权益）通过通告函、公告或其他方式，以提起专利侵权诉讼威胁任何其他人，任何因此遭受损失的一方均可以向法院起诉诉讼威胁方，以期获得第二款所规定的任何救济。

（2）在根据本条提起的诉讼程序中，除非被告能证明其诉讼威胁针对的行为构成专利侵权，或一旦实施将构成专利侵权，否则，原告有权获得救济，具体而言包括：

（a）关于诉讼威胁不具有正当性的宣告；

（b）禁止继续发出诉讼威胁的禁令；以及

（c）因诉讼威胁所遭受损失

(3) Proceedings may not be brought under this section as regards a threat to bring proceedings for an infringement alleged to consist of making or importing a product for disposal or of using a process.

(4) For the purposes of this section a notification of the existence of a patent or a patent application does not of itself constitute a threat of proceedings.

3. Patents (Amendment) Act 2006

15 Remedy for groundless threats of infringement proceedings (section 53 of Principal Act)

Section 53 of the Principal Act is amended by substituting the following for subsection (3):

(3) Proceedings may not be brought under this section as regards—

(a) a threat to bring proceedings for an infringement alleged to consist of making or importing a product for disposal or of using a process; or

(b) a threat, made to a person who made or imported a product for disposal or used a process, to bring proceedings for an infringement alleged to consist of doing anything else in relation to that product or process.

4. Industrial Designs Act 2001

56 Groundless threats.

(1) Where a person (whether or not the registered proprietor of, or entitled to any design right in, or any other interest in a design) by circulars,

（如果有）的赔偿。

（3）针对为处置目的制造、进口专利产品或使用专利方法等侵权行为发出的诉讼威胁，不得根据本条提起诉讼。

（4）如果只是通告对方存在一项专利权或已提出了一项专利申请，该通告本身不构成本条所称的诉讼威胁。

3. 2006 年《爱尔兰专利法修正法案》

15 恶意侵权诉讼威胁的救济（《专利法案》第五十三条）

《专利法案》第五十三条第三款替换为如下内容：

（3）不得根据本条针对下列诉讼威胁提起诉讼：

（a）针对为处置目的制造、进口专利产品或使用专利方法等侵权行为发出的诉讼威胁；或

（b）针对为处置目的制造、进口专利产品或使用专利方法者实施的与产品专利或方法专利相关的其他任何行为发出的诉讼威胁。

4. 2001 年《爱尔兰工业品外观设计法案》

56 恶意诉讼威胁

（1）如果一方（无论他是否是一项外观设计的登记所有者，

advertisements or otherwise threatens another person with proceedings for infringement of design right, a person aggrieved by the threats (whether or not he or she is the person to whom the threats are made) may bring proceedings in the appropriate court against the person making the threats for any such relief as is mentioned in subsection (3).

(2) In any proceedings under subsection (1), the plaintiff shall, where he or she proves that the threats were so made and satisfies the court that he or she is a person aggrieved by them, be entitled to the relief claimed unless—

(a) the defendant proves that the acts in respect of which the proceedings were threatened constitute or, if undertaken, would constitute an infringement of the design right, and

(b) the plaintiff fails to show that the registration of the design concerned is invalid.

(3) The relief referred to in subsections (1) and (2) shall be—

(a) a declaration to the effect that the threats complained of are unjustifiable,

(b) an injunction against the continuance of the threats, and

(c) such damages, if any, as have been sustained by the plaintiff by reason of the threats.

(4) For the purposes of this section, a notification of the existence of a registered design does not of itself constitute a threat of proceedings within the meaning of this section.

或者是对一项外观设计享有某种权益者）通过通告函、公告或其他方式，威胁针对他人提起侵权诉讼，因诉讼威胁遭受损失的一方（无论他是否是诉讼威胁相对人），均可以到法院起诉诉讼威胁方，期待获得第三款所列各项救济。

（2）在任何根据第一款提起的诉讼程序中，如果原告能证明有人发出了诉讼威胁，并且让法院认识到原告是受损害方，那么原告有权获得救济，除非：

（a）被告证明其诉讼威胁针对的行为构成外观设计侵权，或一旦实施将构成外观设计侵权；并且

（b）原告未能证明登记的外观设计无效。

（3）第一款和第二款所指的救济包括：

（a）关于诉讼威胁为非正当性的宣告；

（b）禁止继续发出诉讼威胁的禁令；以及

（c）原告因诉讼威胁所遭受损失（如果有）的赔偿。

（4）就本条而言，如果只是通告对方存在一项登记的外观设计，该通告本身并不构成本条所称的诉讼威胁。

(5) In this section, "a person aggrieved" shall not include a person making or importing any object.

V New Zealand

1. Copyright Act 1994

112A Damages for falsely claiming copyright ownership or licence

(1) This section applies if—

(a) a person (A) falsely claims to be, or to have been granted a licence by or on behalf of, the owner of the copyright in a literary, dramatic, musical, or an artistic work or a sound recording or film; and

(b) A has threatened or commenced proceedings for preventing, or claiming damages in respect of, a performance or communication to the public of the work, sound recording, or film (which in this section is called the event); and

(c) as a result of the threat or commencement of proceedings, the event has not taken place.

(2) A court may award damages to compensate any of the following persons for any loss sustained because the event did not take place:

(a) in the case of a threat of proceedings, the person to whom made the threat;

(b) in the case of the commencement of proceedings, a defendant;

(c) any other person interested in the event.

（5）本条中，"受损害方"不包括制造或进口任何外观设计产品的一方。

五、新西兰

1. 1994 年《新西兰版权法案》

112A 因错误主张版权归属或许可而产生的损害赔偿

（1）本条适用于：

（a）有人错误地宣称自己是一件文学、戏剧、音乐或艺术作品或录音制品或电影作品的版权人，或错误地宣称自己获得了前述版权人或其代理人的许可授权；并且

（b）该人为阻止表演或向公众传播上述作品、录音制品或电影作品（本条称之为"事件"），或为了就上述行为索要赔偿，威胁提起诉讼或已提起诉讼；并且

（c）由于该诉讼威胁或已提起的诉讼，导致前述事件未发生。

（2）因前述事件未发生而遭受损失的以下任何一方，法院可以要求对他们进行损害赔偿：

（a）威胁提起诉讼情形——诉讼威胁相对人；

（b）已提起诉讼情形——被告；

（c）其他任何对事件享有利益者。

2. Designs Act 1953

34 Remedy for groundless threats of infringement proceedings

(1) Where any person (whether entitled to or interested in a registered design or an application for registration of a design or not) by circulars, advertisements, or otherwise threatens any other person with proceedings for infringement of the copyright in a registered design, any person aggrieved thereby may bring an action against him for any such relief as is mentioned in subsection (2).

(2) Unless in any action brought by virtue of this section the defendant proves that the acts in respect of which proceedings were threatened constitute or, if done, would constitute an infringement of the copyright in a registered design the registration of which is not shown by the plaintiff to be invalid, the plaintiff shall be entitled to the following relief, that is to say:

(a) a declaration to the effect that the threats are unjustifiable; and

(b) an injunction against the continuance of the threats; and

(c) such damages, if any, as he has sustained thereby.

(3) For the avoidance of doubt it is hereby declared that a mere notification that a design is registered does not constitute a threat of proceedings within the meaning of this section.

2. 1953 年《新西兰外观设计法案》

34 恶意侵权诉讼威胁的救济

（1）任何一方（无论是否对一项登记外观设计或者对外观设计登记申请享有某种权益）通过通告函、公告或其他形式，威胁以侵犯登记外观设计的版权为由起诉任何人的，任何因此遭受损失的一方均可以起诉该诉讼威胁方，以获得第二款规定的各项救济。

（2）在依据本条提起的任何诉讼中，除非被告能证明其诉讼威胁针对的行为侵犯了登记外观设计（前提是该登记外观设计没有被原告证明无效）的版权，或一旦实施将侵犯版权，原告将有权获得如下救济，具体而言包括：

（a）关于诉讼威胁不具有正当性的宣告；

（b）禁止继续发出诉讼威胁的禁令；以及

（c）因诉讼威胁所遭受损失（如果有）的赔偿。

（3）为避免疑虑，本法特此宣告，如果只是通告对方一项外观设计已经登记，则不构成本条所称的诉讼威胁。

3. Trade Marks Act 2002

105 Unjustified proceedings

(1) If a person brings proceedings alleging an infringement of a registered trade mark, the court may, on the application of any person against whom the proceedings are brought,

(a) make a declaration that the bringing of proceedings is unjustified;

(b) make an order for the payment of damages for any loss suffered by the person against whom the proceedings are brought.

(2) The court must not grant relief under this section if the person who brings the proceedings proves that the acts in respect of which proceedings are brought constituted, or would have constituted if they had been done, an infringement of the trade mark concerned.

(3) Nothing in this section makes a barrister or solicitor of the High Court of New Zealand liable to any proceedings under this section in respect of any act done in his or her professional capacity on behalf of a client.

4. Layout Designs Act 1994

40 Groundless legal proceedings

(1) Subject to this section, where a person commences proceedings alleging an infringement of layout design rights in an eligible layout design, a court of competent jurisdiction may, on the application of any person against whom the proceedings are brought, if it is satisfied that the proceedings are unjustified,

3. 2002 年《新西兰商标法案》

105 恶意诉讼

（1）如果有人提起诉讼，声称一项注册商标被侵权，法院可以应被告请求：

（a）宣布提起的诉讼不具有正当性；

（b）命令对被告遭受的任何损失进行赔偿。

（2）如果提起诉讼的一方能证明其诉讼针对的行为构成（或一旦实施将构成）对相关商标的侵权，法院将不得根据本条颁布救济。

（3）对于新西兰高等法院的律师以专业服务提供者身份、代表委托人实施的行为，无须根据本条承担责任。

4. 1994 年《新西兰集成电路布图设计法案》

40 恶意法律诉讼

（1）除本条另有规定外，有人启动诉讼程序、声称应受保护的集成电路布图设计权遭受侵害的，这一诉讼程序是恶意诉讼，那么管辖法院可应任何被告的请求：

(a)make an order striking out the proceedings;

(b)make an order for the payment of damages for any loss suffered by the person against whom the proceedings were brought.

(2)A court shall not grant relief under this section if the defendant proves that the acts in respect of which the proceedings were brought constituted, or if done, would have constituted, an infringement of the layout design rights concerned.

(3)No proceedings may be commenced under this section against a barrister or solicitor of the High Court of New Zealand in respect of any act done in his or her professional capacity on behalf of a client.

Ⅵ Malaysia

Trade Marks Act 2019

61 Remedy for groundless threats of infringement proceedings

(1) Where a person threatens another with proceedings for infringement of a registered trademark other than—

(a) the application of the trademark to goods or to material used or intended to be used for labelling or packaging goods;

(b) the importation of goods to which, or to the packaging of which, the trademark has been applied; or

(c) the supply of services under the trademark,

any aggrieved person may bring proceedings for relief under this section.

(2) The relief which may be applied for shall be

（a）命令驳回诉讼请求；

（b）命令对被告遭受的任何损失进行赔偿。

（2）如果提起诉讼的一方能证明其诉讼针对的行为构成（或一旦实施将构成）对有关集成电路布图设计权的侵犯，法院不得根据本条颁布救济。

（3）对于新西兰高等法院的律师以专业服务提供者身份、代表委托人实施的行为，不得根据本条提起诉讼。

六、马来西亚

2019 年《马来西亚商标法案》
61 恶意侵权诉讼威胁的救济

（1）如果有人以提起注册商标专用权侵权诉讼威胁他人，除以下三种情形外，任何受损害方可以根据本条提起诉讼，以获得救济：

（a）将商标用于标识商品，或用于或准备用于商品标签或包装材料上；

（b）进口使用商标标识的商品或包装上使用商标标识的商品；

（c）以商标提供服务。

（2）受损害方可以请求获得

any of the following:

(a) a declaration that the threats are unjustifiable;

(b) an injunction against the continuance of the threats; or

(c) damages in respect of any loss he has sustained by the threats.

(3) The plaintiff shall be entitled to the relief in subsection (2) unless the defendant shows that the acts in respect of which proceedings were threatened constitute or if done would constitute an infringement of the registered trademark concerned.

(4) If the defendant shows that the acts in respect of which proceedings were threatened constitute or if done would constitute an infringement of the registered trademark concerned, the plaintiff shall nevertheless be entitled to relief if he shows that the registration of trademark is invalid or liable to be revoked in a relevant respect.

(5) The mere notification that a trademark is registered, or that an application for registration has been made, shall not constitute a threat of proceedings for the purposes of this section.

(6) Nothing in this section shall render an advocate and solicitor liable to an action under this section in respect of an act done by him in his professional capacity on behalf of a client.

以下任何一种救济方式：

（a）关于诉讼威胁不具有正当性的宣告；

（b）禁止继续发出诉讼威胁的禁令；或

（c）所遭受任何损失的赔偿。

（3）原告有权获得第二款所述救济，但被告证明其诉讼威胁针对的行为侵犯了（或一旦实施将侵犯）注册商标专用权的除外。

（4）被告能证明其诉讼威胁所针对的行为侵犯了（或一旦实施将侵犯）注册商标专用权的，只要原告能证明注册商标无效或因某种原因应被撤销，那么原告依然可以期待获得前述救济。

（5）仅告知一件商标已注册或已提出注册申请，不构成本条所称的诉讼威胁。

（6）律师以专业服务提供者身份代表当事人发出诉讼威胁的，不得依据本条追究责任。

VII Canada

1. Trademarks Act 1985

Unfair Competition and Prohibited Signs

Prohibitions

7 No person shall

(a) make a false or misleading statement tending to discredit the business, goods or services of a competitor.

Power of court to grant relief

53.2 (1) If a court is satisfied, on application of any interested person, that any act has been done contrary to this Act, the court may make any order that it considers appropriate in the circumstances, including an order providing for relief by way of injunction and the recovery of damages or profits, for punitive damages and for the destruction or other disposition of any offending goods, packaging, labels and advertising material and of any equipment used to produce the goods, packaging, labels or advertising material.

2. Competition Act 1985

Recovery of damages

36 (1) Any person who has suffered loss or damage as a result of

(a) conduct that is contrary to any provision of Part VI, or

(b) the failure of any person to comply with an order of the Tribunal or another court under this Act,

may, in any court of competent jurisdiction, sue

七、加拿大

1.1985 年《加拿大商标法案》

不正当竞争与禁用标识

禁止行为

7 任何人不得

（a）作出旨在破坏竞争对手商誉、产品或服务的虚假或误导性陈述。

法院颁布救济的权力

53.2（1）如果经利益相关人申请，法院认为有任何行为违反了本法案，则法院有权视情况颁布任何命令进行救济，包括禁令、损害赔偿或退还收益、惩罚性赔偿、销毁或以其他方式处置任何侵权物品、包装、标签和宣传材料及任何用于制造侵权物品、包装、标签或宣传材料的设备。

2.1985 年《加拿大竞争法案》

损害赔偿

36（1）因以下原因遭受损失的任何人，可以在任何管辖法院起诉实施所述行为或未遵守所述命令者，并要求对受损害方证明已遭受的损失进行等额赔偿。法院还可以支持任何额外赔偿金额，但不得超过受损害方就该事

for and recover from the person who engaged in the conduct or failed to comply with the order an amount equal to the loss or damage proved to have been suffered by him, together with any additional amount that the court may allow not exceeding the full cost to him of any investigation in connection with the matter and of proceedings under this section.

False or misleading representations

52 (1) No person shall, for the purpose of promoting, directly or indirectly, the supply or use of a product or for the purpose of promoting, directly or indirectly, any business interest, by any means whatever, knowingly or recklessly make a representation to the public that is false or misleading in a material respect.

Ⅷ Germany

1. Act on Copyright and Related Rights

Section 97 Right to require cessation of infringement and to damages

(1) Any person who infringes copyright or another right protected under this Act may be required by the injured party to eliminate the infringement or, where there is a risk of repeated infringement, may be required by the injured party to cease and desist. Entitlement to prohibit the infringer from future infringement shall also exist where the risk of infringement exists for the first time.

Section 97a Notification

(1) The injured party shall notify the infringer before instituting proceedings in court to desist from

---

项进行任何调查和根据本条提起诉讼所产生的全部费用：

（a）实施违反第 6 节任何规定的行为；或

（b）任何人未遵守本法案规定的竞争法庭或其他法院的命令。

虚假或误导性陈述

52（1）任何人不得以任何方式，为了直接或间接提高产品的供给或使用，或为了直接或间接提升任何商业利益，在明知或失察情况下，向公众提供具有明显错误或带有误导性的信息。

八、德国

1.《德国著作权与相关权法》

97 要求停止侵权和索要赔偿的权利

（1）任何侵犯本法保护的著作权或相关权者，受损害方可要求消除侵权；有再次侵权可能的，受损害方可要求禁止侵权人再次侵权。首次出现侵权风险的，受损害方也有权禁止侵权人将来实施侵权。

97A 警告

（1）到法院提起侵权诉讼前，受损害方应先向侵权人发出警告，并给予侵权人与之协商解

infringement and shall give him the opportunity to settle the dispute by entering into an obligation to desist from infringement accompanied by an equitable contractual penalty.

(2) The notification shall clearly and comprehensibly

① state the name or company of the injured party if it is not the injured party but a representative who gives notification,

② provide a precise description of the infringement,

③ break down claims to payment asserted into claims for damages and claims for compensation, and

④ if the notification contains a request to enter into an obligation to desist from infringement, to state to what extent the proposed obligation to desist from infringement goes beyond the infringement notified.

A notification which does not meet the conditions set out in sentence 1 shall not be effective.

(3) Where the notification is rightful and meets the conditions set out in subsection (2) sentence 1 nos. 1 to 4, reimbursement of expenses necessarily incurred may be demanded. Where legal services have been used, the reimbursement of expenses necessarily incurred shall be limited as regards statutory fees to fees in accordance with a value of the object of the claim to desist and the claim for removal of 1000 euros if the person notified

① is a natural person who does not use the works protected under this Act or other subject-matters protected under this Act for his commercial or self-employed business activity and

② is not already obliged to desist from

决争议的机会，由侵权人根据达成的协议承担停止侵权并支付合理赔偿等责任。

（2）该警告应清晰明确：

①警告方并非权利人本人，而是代表权利人发布警告的，则说明权利人的姓名或名称；

②描述侵权事实；

③将权利主张分解为损害赔偿和费用补偿；以及

④警告提出与侵权人达成停止侵权方案请求的，说明所提出的侵权人责任承担方案是否大大超出了警告的侵权范围。

不满足本条上述要求的警告无效。

（3）如果警告具有正当性，并且符合第二款所列的四项内容要件，由此产生的必要费用警告方有权向被警告人主张。警告方利用法律服务的，被警告人支付的必要费用应限于根据制止侵权所救济的标的价值大小确立的法定费用。被警告人有以下情况的，警告方可以要求支付 1000 欧元的必要费用，以排除妨害：

①被警告人是自然人，未将本法保护的作品或本法保护的其他客体用于商业或自营业务活动；并且

②未按照协议、有法律约束力的裁决或临时禁令要求，停止

infringement on the basis of a claim of the notifying party by contract, a legally binding decision or a temporary injunction.

The value referred to in sentence 2 shall also be decisive where a claim to desist and a claim for removal are asserted in parallel. Sentence 2 shall not apply where the value referred to is unreasonable based on the specific circumstances of the individual case.

(4) Where the notification is without entitlement or ineffective, the person notified may demand reimbursement of the necessary expenses incurred in respect of defending his rights, unless the person giving notification was not able to recognise at the point in time when notification was made that the notification was without entitlement. Rights to reimbursement over and above this shall remain unaffected.

2. Title 27 Torts, German Civil Code BGB Section 823 Liability in damages

(1) A person who, intentionally or negligently, unlawfully injures the life, body, health, freedom, property or another right of another person is liable to make compensation to the other party for the damage arising from this.

IX Switzerland

Federal Law on Unfair Competition

2. Any behavior or business practice that is deceptive or that in any other way infringes

侵犯警告方主张的权利。

前款所指的"价值"也适用于同时提出停止侵权和排除妨害请求时的法定费用情形。但如果根据个案具体情况，所请求救济的标的价值不合理，则前款不适用。

（4）如果警告缺乏合法性基础或无效，被警告人有权要求警告方赔偿被警告人为维护自身权益支出的必要费用，除非警告方能证明在其发布警告时并未认识到该警告缺乏合法性基础。其他索要赔偿权利不受影响。

2.《德国民法典》第二十七编 侵权编

823 赔偿责任

（1）有人因其故意或过失，非法伤害他人生命、身体、健康、自由、财产或其他权利的，将向他人赔偿因此造成的损失。

九、瑞士

《瑞士联邦反不正当竞争法案》

2. 一切具有欺骗性或以任何其他方式违反诚信原则、影响竞

the principle of good faith and which affects the relationship between competitors or between suppliers and customers shall be deemed unfair and unlawful.

3. Shall be deemed to have committed an act of unfair competition, anyone who, in particular,

(a) disparages another person, his goods, his works, his services, his prices or his business circumstances by incorrect, misleading or needlessly injurious statements,

(b) makes incorrect or misleading statements in respect of himself, his undertaking, his trade name, his goods, his works, his services, his prices, his stock or his business circumstances or who, by such statements, favors one party to the detriment of competitors.

争者之间或者供货商与客户之间关系的行为或商业操作都是不正当和非法的。

3. 前述情形将视为实施了不正当竞争行为，尤其包括：

（a）发表不实、误导性或无端诽谤的言论，诋毁他人、他人商品、工厂、服务、价格或商业环境；

（b）发表有关自己、自己企业、商号、商品、工厂、服务、价格、存货或商业环境的不实或误导性言论，或通过这些陈述，利于一方而伤害竞争者的利益。